Gerold Best
Michaela Frede

Ressourcen entdecken - Potenzial entfalten

Gerold Best
Michaela Frede

Ressourcen entdecken - Potenzial entfalten

Lerncoaching in der Praxis

Trainerverlag

Impressum / Imprint
Bibliografische Information der Deutschen Nationalbibliothek: Die Deutsche Nationalbibliothek verzeichnet diese Publikation in der Deutschen Nationalbibliografie; detaillierte bibliografische Daten sind im Internet über http://dnb.d-nb.de abrufbar.

Bibliographic information published by the Deutsche Nationalbibliothek: The Deutsche Nationalbibliothek lists this publication in the Deutsche Nationalbibliografie; detailed bibliographic data are available in the Internet at http://dnb.d-nb.de.

Coverbild / Cover image: www.ingimage.com

Verlag / Publisher:
Der Trainerverlag
ist ein Imprint der / is a trademark of
AV Akademikerverlag GmbH & Co. KG
Heinrich-Böcking-Str. 6-8, 66121 Saarbrücken, Deutschland / Germany
Email: info@verlag-trainer.de

Herstellung: siehe letzte Seite /
Printed at: see last page
ISBN: 978-3-8417-5054-9

Inhalt

Einleitung

Es ist ein wichtiges menschliches Bedürfnis, in dem was man tut, erfolgreich zu sein. Das ist beim Thema Lernen nicht anders.
Menschen dabei zu unterstützen, erfolgreich zu lernen, ist von daher eine sehr befriedigende Tätigkeit. Da wir schon seit einigen Jahren in verschiedenen Schulen aber auch in unserer eigenen Praxis damit arbeiten, können wir mit voller Überzeugung sagen:

Lerncoaching ist eine sehr gute Möglichkeit, Menschen effektiv dabei zu unterstützen, erfolgreich zu lernen.

Das Hauptanliegen des vorliegenden Praxisbuches zum Lerncoaching ist es, seinen Leserinnen und Lesern Lust auf das Thema zu machen und sie zu animieren, das eine oder andere hier vorgestellte „Werkzeug" im eigenen Kontext zu erproben. Wenn wir von Werkzeugen sprechen, sind damit alle Interventionen gemeint, mit deren Hilfe wir die Schüler, Auszubildenden, Studenten und Erwachsene bei der angestrebten Zielerreichung unterstützen. Wenn wir in diesem Buch von unseren Coaching-Partnern sprechen, verwenden wir dafür durchgehend den Begriff Coachee. Die hier vorgestellten Beispiele beschreiben alle Einzelcoachings, viele Elemente lassen sich aber so umgestalten, dass sie auch für Gruppen oder ganze Schulklassen einsetzbar sind. Das Zürcher Ressourcen Modell® ist sogar explizit für den Einsatz in Gruppen konzipiert.

Das Buch richtet sich vor allem an Lehrer, Trainer, Ausbilder und andere in der Weiterbildung tätigen Personen, bietet aus unserer Sicht aber auch für viele Eltern interessante Anregungen.

Wir beschäftigen uns schon seit Jahren intensiv mit den Themen Lernen und Kommunikation. Unser theoretisches Fundament sind die Humanistische Psychologie, die Transaktionsanalyse (TA) und das Neurolinguistische Programmieren (NLP). Weitere wichtige Konzepte, die unserer Arbeit zugrunde liegen, sind die Systemtheorie, der Konstruktivismus, die Kinesiologie, das Zürcher Ressourcen Modell (ZRM®) und die Energetische Psychologie. Die neuen Erkenntnisse der Neurobiologie fließen ebenfalls stark in unsere Arbeit ein. Wir möchten betonen, für wie wichtig wir dieses theoretische Fundament halten. Ohne die daraus resultierende Grundhaltung sind viele der im Buch beschriebenen Werkzeuge nach unserer Ansicht deutlich weniger effektiv. Wir haben uns bemüht, bei der Beschreibung der Praxisbeispiele auf die dahinter liegenden theoretischen Modelle hinzuweisen, ohne allzu sehr in die Details zu gehen. Einen Überblick zu den aus unserer Sicht wichtigsten theoretischen Überlegungen finden Sie im ersten Kapitel. Für alle, die mehr wissen möchten, sei auf die umfangreiche Literaturliste verwiesen.

Die Chronologie des Buches folgt der Chronologie, wie sie sich meistens auch in unseren Coaching-Prozessen darstellt. Kapitel 2 beschreibt die wichtigsten Werkzeuge zum Aufbau einer tragfähigen Coaching-Beziehung, ohne die aus unserer Sicht erfolgreiches Lerncoaching fast unmöglich ist. Im dritten Kapitel stellen wir vor, mit welchem wissenschaftlichen Modell wir hauptsächlich Coaching-Ziele erarbeiten und machen dies an einem Praxisbeispiel deutlich.
Es folgt ein Kapitel über Diagnostiktools, die uns wertvolle Hinweise zum weiteren Vorgehen geben können.
Je nach Ziel des Coachees (Schüler, Auszubildender, Student etc.) und unter Einbeziehung der diagnostischen Erkenntnisse folgen entweder

Maßnahmen zum Ressourcenaufbau (Kapitel 5), zum Auflösen von Blockaden (Kapitel 6) oder zu Lernstrategien (Kapitel 7).

Die Beispiele in diesem Buch beschreiben mehr oder weniger erfolgreiche Coaching-Sitzungen, wie sie tatsächlich auch häufig bei uns vorkommen. Das soll aber nicht darüber hinwegtäuschen, dass die Prozesse nicht immer so klar und einfach zu gestalten sind. Die Erfolgsgeschichten in unseren Beispielen sind das Produkt eines intensiven Klärungsprozesses, in dem die Anliegen und Bedürfnisse der Coachees herausgearbeitet wurden. Wie bei der Häutung einer Zwiebel kann da die erste Aussage zum Anliegen für das Coaching schon einmal lauten: Ich will mich besser konzentrieren. Am Ende bearbeiten wir im Coaching dann das Ziel: Ich möchte ein guter Schüler sein.

Den Abschluss bildet ein Kapitel mit Überlegungen zur Implementierung von Lerncoaching in Schulen, anderen Bildungseinrichtungen, Unternehmen und Einzelpraxen.

Es ist uns wichtig, darauf hinzuweisen, unseren Lerncoaching-Ansatz nicht mit einer Lerntherapie gleichzusetzen. Bei einer Lerntherapie kann es notwendig sein, umfangreiche neurologische Untersuchungen durchzuführen und dabei festgestellte Störungen zu therapieren. Diese Untersuchungen führen wir im Coaching nicht durch. Stoßen wir im Rahmen des Coaching-Prozesses auf körperliche oder neurologische Störungen, die sich durch unsere Werkzeuge nicht beheben lassen, verweisen wir den Coachee an die entsprechenden Fachtherapeuten. Häufig kommen Eltern in unsere Coaching-Praxis mit der Diagnose ADHS, Legasthenie oder Dyskalkulie. Wir lehnen das Coaching für Kinder mit dieser Diagnose nicht von vornherein ab, weisen aber auf den

Unterschied zur Lerntherapie hin. Wir haben durchweg gute Erfahrungen beim Coaching von Kindern und Jugendlichen mit diesen Diagnosen gemacht.

Wir danken allen Kindern, Jugendlichen und auch Erwachsenen, die uns die Chance gaben, mit ihnen zu arbeiten. Unser Dank gilt auch allen Freunden, die durch Ihre konstruktive Kritik zur Qualitätsverbesserung beigetragen haben.

Kapitel 1 Das Lerncoaching und seine theoretischen Grundlagen

Was Sie in diesem Kapitel finden

- Was ist für uns Coaching?
- Ethische und systemische Grundlagen für unsere Coaching-Haltung.
- Unser Hauptwerkzeug im Coaching: Systemische Fragen
- Wie funktioniert Lernen?
- Wie entsteht Motivation?

Der Begriff Lerncoaching setzt sich aus den Begriffen Coaching und Lernen zusammen. Auf beide soll an dieser Stelle ausführlicher eingegangen werden, weil die theoretischen Grundlagen beider Begriffe in ihrer Zusammenführung die Basis für unsere Arbeit darstellen.

1.1 Das Coaching

Coaching ist eine professionelle Beratungsform zur personenzentrierten Förderung von Menschen in ihrer professionellen Rolle. Coaching hat das Ziel, die Selbstgestaltungspotentiale und Selbstregulationsfähigkeiten zu fördern, um das individuelle Selbstmanagement zu optimieren. Daher ist Coaching „Hilfe" zur Selbsthilfe.

Die professionelle Rolle in unserem Kontext meint den Coachee in seiner Rolle als Lerner, egal ob Kind, Jugendlicher oder Erwachsener.

Das Lerncoaching ermöglicht es den Coachees, den Zugang zu ihren individuellen Potentialen zu finden und damit ihre Selbstregulationsfähigkeiten und ihr Selbstmanagement zu fördern. Es unterstützt den Lerner, eine Passung zwischen sich und dem Lerngegenstand herzustellen. Lerncoaching geht immer vom Lerner und dessen Thema aus, nicht von dem Thema, dass der Lehrer oder die Eltern für wichtig halten. Es ist lösungsorientiert und nicht problemorientiert und immer ressourcenorientiert und nicht defizitorientiert.

Mögliche Themen für das Lerncoaching sind:

- Lernverhalten /Lernstrategien
- Bearbeitung von Glaubenssätzen, z.B. „Mathe konnte ich noch nie!"
- Prüfungsangst
- Lernblockaden
- Lernwege antizipieren und reflektieren
- fachbezogene Inhalte

Unser Menschenbild

Unsere Haltung als Coach unseren Klienten gegenüber ist geprägt durch das Menschenbild der Humanistischen Psychologie, der Transaktionsanalyse (TA) und dem des Neurolinguistischen Programmierens (NLP). Daher stellen wir ihnen diese drei Modelle mit ihren für uns und unsere Arbeit wichtigsten Grundannahmen kurz vor.

Die Humanistische Psychologie

Die Humanistische Psychologie ist ein Oberbegriff für verschiedene in der Mitte des 20.Jahrhunderts entstandene psychotherapeutische Modelle. Dazu gehörten unter anderem die Gesprächstherapie nach Carl Rogers und die Gestalttherapie. Sie beruht auf einem ganzheitlichen und positiven Menschenbild, betrachtet Menschen als konstruktiv und sozial und billigt jedem Menschen die Fähigkeit zur Selbstverwirklichung zu.

Die Kernthese von Carl Rogers:
Das Individuum verfügt potentiell über unerhörte Möglichkeiten, um sich selbst zu begreifen und seine Selbstkonzepte, seine Grundeinstellung und sein Verhalten selbstgesteuert zu verändern. Dieses Potential kann erschlossen werden, wenn es gelingt, ein klar definiertes Klima förderlicher psychologischer Einstellungen herzustellen.

Die Transaktionsanalyse

Die Transaktionsanalyse ist eine Theorie zur Beschreibung der menschlichen Persönlichkeit, menschlicher Interaktion und Kommunikation. Eines der bekanntesten Modelle der Transaktionsanalyse ist das Persönlichkeitsmodell der drei Ich-Zustände. Es wird davon ausgegangen, dass das Fühlen, Denken und Handeln eines Menschen von jeweils verschiedenen Anteilen, den drei Ich-Zuständen in der eigenen Person bestimmt wird.

Das Eltern-Ich: In diesem Zustand wirken übernommene Botschaften von den Eltern, Großeltern, Lehrern und anderen für das Kind wichtige Personen, z.B. in Form von Regeln, Normen, Werte, Verbote, Erlaubnisse und Anweisungen.

Das Erwachsenen-Ich: Seine Aufgabe ist es, z.B. Informationen zu verarbeiten, Zusammenhänge zu erkennen und Schlussfolgerungen zu treffen. Das Verhalten ist überwiegend sachlich, logisch, konsequent.

Das Kindheits-Ich: In ihm werden als Kind erlebte Reaktionsmuster aktiviert. Das Verhalten ist spontan, kreativ, intuitiv, überwiegend von Gefühlen geleitet.

Die ethische Grundhaltung der Transaktionsanalyse beruht auf dem Menschenbild der Humanistischen Psychologie.
Daraus werden folgende Grundannahmen abgeleitet:

- Jeder Mensch ist in Ordnung. Damit ist gemeint: Ich akzeptiere mich, so wie ich bin, und ich akzeptiere dich, so wie du bist. Diese Überzeugung gilt für das Wesen des Menschen, aber nicht unbedingt für sein Verhalten.
- Jeder Mensch hat die Fähigkeit, zu denken und Probleme zu lösen.
- Somit hat jeder Mensch die Fähigkeit, sein Lebenskonzept bzw. seine Lebensgestaltungsmuster schöpferisch, zuträglich und konstruktiv zu gestalten.
- Jeder Mensch verfügt über die Fähigkeit der bewussten Wahrnehmung und der bewussten Steuerung seiner mentalen, emotionalen und sensorischen Vorgänge und der sich daraus ergebenden Handlungen bzw. sozialen Interaktionen.

Zudem ist es jedem Menschen möglich, durch Nutzen seiner ihm innewohnenden Ressourcen autonome Entscheidungen für sich und andere zu fällen. Dazu benutzt er seine Fähigkeit zur Bewusstmachung der momentanen Gegebenheiten, seine Fähigkeit, aus einer Bandbreite verschiedener energetischer Zustände auszuwählen und die Fähigkeit zu echtem emotionalen Kontakt mit anderen Menschen.

Das NLP (Neurolinguistisches Programmieren)

NLP ist ein lösungs- und zielorientiertes Kommunikationsmodell, das auf Erkenntnissen der Systemtheorie, der Linguistik, der Neurophysiologie und der humanistischen Psychologie beruht.

Begriffsklärung:

Neuro-

Alles, was wir wahrnehmen, denken, fühlen, aber auch wie wir uns verhalten und bewegen, wird durch mentale Prozesse gesteuert. NLP untersucht diese Prozesse und versucht die dahinter liegenden Strukturen aufzudecken.

Linguistisch

Sprache gilt als das wichtigste Kommunikationsmittel und ist damit auch für das NLP ein entscheidendes Untersuchungsfeld. NLP hat Sprachmodelle entwickelt, um Einschränkungen im Denken und Handeln von Menschen zu hinterfragen und deren Flexibilität zu erhöhen.

Programmieren

Im Laufe unseres Lebens haben sich bei jedem von uns neuronale Muster entwickelt, die wie ein Programm immer wieder gleich ablaufen, ohne dass sie einer bewussten Steuerung unterliegen. Mit Hilfe von NLP können wir versuchen, diese Verhaltensmuster und Denkstrategien sichtbar zu machen und an ihrer Veränderung arbeiten.

NLP-Grundannahmen und ihre Bedeutung fürs Lerncoaching:

- Hinter jedem Verhalten verbirgt sich eine positive Absicht. Jeder Mensch möchte mit seinem Verhalten etwas Positives für sich erreichen. Die Wirkung dieses Verhaltens kann sich jedoch als negativ herausstellen. Ziel im Lerncoaching ist es daher, die positive Absicht des bisherigen Verhaltens beizubehalten aber ein neues, anderes Verhalten zu entwickeln, dass mit seiner Umwelt besser im Einklang (ökologisch) ist.
- Menschen tragen die meisten Ressourcen, die sie brauchen um ein erfülltes Leben zu führen, schon in sich. Im Lerncoaching

setzen wir Instrumente ein, die dem Coachee seine Ressourcen bewusst machen und es ihm ermöglichen, auf diese zuzugreifen.

- Jede Reaktion ist Feedback. Jede Antwort, ob verbal oder nonverbal, kann wichtig sein. Als Coach nehme ich sie mit Neugier, Empathie und Aufmerksamkeit wahr, interpretiere sie aber nicht. Dies gilt auch für Widerstand und Kritik.
- Die Landkarte ist nicht das Gebiet. Jeder Mensch hat seine eigene Sicht auf die Welt. Für den, der professionell mit Menschen arbeitet, ist es wichtig, die Sicht dieser Menschen zuzulassen, auch wenn Sie nicht die eigene ist.
- Widerstand des Coachee auf Interventionen des Lerncoachs ist immer ein Hinweis auf mangelnde Flexibilität des Lerncoachs. Wenn eine Intervention des Coaches beim Coachee auf Widerstand stößt, ist es sinnvoll eine andere Intervention zu wählen.
- Geist und Körper beeinflussen sich wechselseitig. Störungen im System des Coachees können sich sowohl durch seine Sprache als auch durch seinen nonverbalen Ausdruck auf Körperebene (z.B. Mimik, Haltung) äußern. Auf beiden Ebenen verfügen wir im Lerncoaching über Interventionen, um diese Störungen zu beseitigen.

Systemtheorie und Konstruktivismus

„Ein System ist eine Einheit, die als Ganzes existiert und funktioniert, indem ihre Teile zusammenwirken" (O'Connor/McDermott, 2000).

Nach dieser Definition kann man z.B. das menschliche Herz als ein System betrachten, im Wort Herz-Kreislauf-System taucht der Begriff System sogar auf, aber auch der ganze Mensch bildet ein System aus vielen Teilsystemen. Eine Familie, eine Schulklasse oder eine ganze Schule kann man als soziale Systeme bezeichnen.

Die einzelnen Teile eines Systems beeinflussen sich wechselseitig. Systemisches Denken betrachtet die Struktur eines Systems, die Beziehungen der Teile zueinander, die Kommunikation, die Regeln und die Handlungen der einzelnen Teile und des Ganzen. Jede Veränderung einer dieser Komponenten hat Auswirkungen auf das Gesamtsystem. Systemisches Denken bedeutet, dass wir zirkulär denken und nicht nach dem Ursache-Wirkung Prinzip (Wenn ich x mache, kommt y dabei heraus).

Beispiel:

Ein Schüler hat viele Freistunden in der Schule und entscheidet sich, diese nicht wie bisher mit seinen Freunden zu verbringen, sondern zum Lernen zu nutzen.

Gewünschte Wirkung: Bessere Leistungen.

Die Freunde reagieren auf das neue Verhalten jedoch mit Ablehnung und grenzen den Schüler aus. Er fühlt sich in der Schule nicht mehr wohl und die Leistungen verschlechtern sich.

Erreichte Wirkung: Verschlechterte Leistungen.

Lebende Systeme, und damit natürlich auch Menschen, sind Systeme, die sich selbst gestalten.

In der Biologie lautet der Fachbegriff dafür Autopoiese. Diese Systeme arbeiten autonom und strukturdeterminiert, d.h. was in einem lebenden System vor sich geht und welche Veränderungen im System durchgeführt werden, hängt nur vom System selbst ab. Im Hinblick auf Veränderungen sind lebende Systeme in sich abgeschlossen, man nennt das operationale Geschlossenheit. Auch wenn ein lebendes System in sich abgeschlossen ist, lebt es aber nicht im luftleeren Raum, sondern es

tauscht sich mit seiner Umwelt aus. System und Umwelt sind strukturell gekoppelt.
Das bedeutet, dass äußere Einwirkungen ein System zwar anregen und stören (pertubieren) können, ob und wie das System aber auf die Störung reagiert, liegt allein an dessen Struktur und im eigenen Ermessen des Systems.

Auf den Menschen bezogen lassen sich folgende Aussagen machen:
Jeder Mensch ist ein in sich geschlossenes System, das durch seine Sinneswahrnehmungen Informationen aus seiner Umwelt aufnimmt und diese gemäß seiner inneren Struktur und dem Bestreben sich selbst zu erhalten verarbeitet. Damit erzeugt jeder Mensch sich ein eigenes Bild von dem, was außerhalb seines Systems ist. Er konstruiert sich sein eigenes Bild von der Welt, erschafft sich also seine eigene Realität.

Diese systemisch-konstruktivistische Sichtweise hat für unsere Arbeit als Lerncoach entscheidende Auswirkungen.
Bei dem, was die Coachees als Probleme beschreiben, handelt es sich um Konstrukte, die nur von ihnen so wahrgenommen werden, die für sie jedoch in dem Moment wirklichkeitsbestimmend sind.
Wir können die Probleme anderer weder verstehen noch lösen. Wir können sie hingegen uneingeschränkt anerkennen, akzeptieren und wertschätzen.
Die Auswirkungen unserer Interventionen können wir aufgrund von Vorerfahrungen zwar erahnen, was sie aber tatsächlich auslösen und was sich daraus entwickelt, wissen wir nicht. Wir ermöglichen unseren Coachees allenfalls neue oder veränderte Sichtweisen und andere Bewertungen.
Unser „Hauptwerkzeug" dafür sind Systemische Fragen.

Systemisches Fragen

Systemische Fragen sind offene Fragen. Dazu zählen alle so genannten W-Fragen (Wer, Wann, Wie, Wo/Wohin, Wem/Wen, Was, Wessen, Welche, Woran) mit Ausnahme der Fragen nach dem Wieso, Weshalb, Warum.
Wieso-, Weshalb-, Warum-Fragen suchen nach Ursachen für ein Problem und damit nach Defiziten, systemische Fragen hingegen sind ressourcen- und lösungsorientiert.
Systemische Fragen sollen den Coachee zum Denken bringen, z.B. „Was kannst du denn besonders gut?“ Außerdem sollten sie seine Handlungsalternativen erhöhen: „Was könntest du noch tun, um deine Zensuren zu verbessern?“

Wir stellen ihnen einige systemische Fragetypen anhand von Beispielen kurz vor.

- Ziel- und lösungsorientierte Fragen sollen dazu dienen, den Coachee aus einer Problemhaltung in eine Ressourcenhaltung zu bringen: „Woran genau würdest du merken, dass du dein Ziel erreicht hast?“
- Verhaltensfragen bieten die Möglichkeit, Verantwortung für das eigene Tun zu übernehmen und zeigen Handlungsalternativen auf: „Was könntest du tun, um dein Hausaufgaben-Verhalten zu verbessern?“
- Fragen nach Mustern helfen, sich wiederholende Handlungsweisen aufzudecken und zu verändern: „Was tust du genau der Reihe nach vor, zu Beginn und während einer Klassenarbeit?“

- Dissoziierende Fragen sollen die negativen Emotionen des Coachee senken: „Kennst du jemanden oder kannst du dir jemanden vorstellen, der in einer Klassenarbeit ganz locker aber hochkonzentriert ist? Was würde der für Ratschläge geben?“
- Zirkuläre Fragen sollen komplexe Zusammenhänge deutlich machen. Dazu kann man eine Außenperspektive einnehmen: „Was würde ein anderer Schüler tun, wenn er dein Ziel hätte?“ Man kann eine Gegenperspektive beziehen: „Woran würde dein Lehrer merken, dass du dir dieses Ziel gesetzt hast?“ Oder man kann klären, welche Auswirkungen ein bestimmtes Verhalten haben könnte: Welche Auswirkungen hätte es, wenn du weiterhin nur unregelmäßig zur Schule gehst?“
- Mit hypothetischen Fragen (Tun als ob) kann man verschiedene zukünftige Zustände und Befindlichkeiten erproben: „Angenommen, heute wäre der Tag, an dem du dein Ziel erreicht hättest. Wie würde sich das anfühlen? Wo im Körper würdest du dieses Gefühl am stärksten spüren?“
- Paradoxe Fragen können problematische Verhaltensweisen verdeutlichen: „Wie kannst du es erreichen, dass du genau so weitermachst wie bisher?“

Einen weiteren systemischen Fragetyp, die Skalenfragen, die wir vorwiegend zur Diagnostik einsetzen, beschreiben wir eingehend in Kapitel 4.

1.2 Das Lernen

Da das Gehirn der Ort ist, wo Lernen stattfindet, wollen wir an dieser Stelle die Erkenntnisse der Neurowissenschaften über das Lernen, soweit sie für unsere Arbeit von Bedeutung sind, darstellen.
Das Gehirn eines Erwachsenen wiegt ca. 1,4 kg und macht damit etwa 2% des eigenen Körpergewichts aus. Und obwohl der Anteil in Bezug auf den gesamten Körper sehr klein ist, verbraucht es 20 % unseres gesamten Energiebedarfs (Spitzer, 2002). Die etwa nur 3 Millimeter dicke Großhirnrinde liegt stark gefaltet unter der Schädeldecke und teilt sich in zwei Hälften (links und rechts). Beide Hälften werden durch den so genannten Balken verbunden, der die Vorgänge beider Seiten koordiniert. In der Großhirnrinde sind verschiedene Areale z.B. für Sprache, Motorik etc. lokalisiert, die durch Verschaltung der Nervenfasern im ständigen Kontakt mit darunter liegenden Hirnarealen stehen. Für das Lernen wichtige tiefer liegende Hirnareale sind der so genannte Hippocampus, der für die Strukturierung von Informationen zuständig ist, und das limbische System, das unsere Gefühle bewertet und speichert und damit unser emotionales Gedächtnis darstellt (Roth, 2011).

Das Gehirn

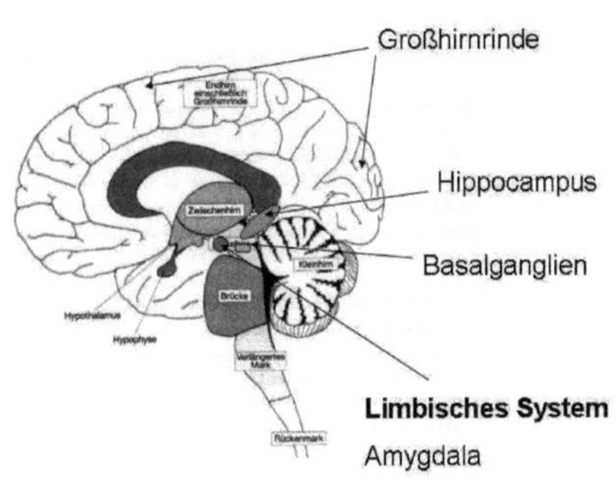

Aus Sicht der Neurobiologie bedeutet Lernen die Erweiterung bzw. Umstrukturierung bestehender neuronaler Netzwerke, die bei häufiger Benutzung feste Verschaltungen, „Bahnen“ bilden.

Bei unserer Geburt sind wir mit einer Vielzahl von Neuronen ausgestattet, die zum Teil bereits miteinander verschaltet sind und zum Teil nicht. Durch alle Erfahrungen, die wir machen, wie die Wahrnehmung der Umwelt durch unsere Sinne, wie das Erleben von Situationen, in denen wir z.B. erfolgreich waren oder bestimmte Entscheidungen getroffen haben oder wie das Erleben unserer Gefühle, entstehen Verknüpfungen von zahlreichen Nervenzellen, um das Erlebte im Gehirn zu repräsentieren und als Erinnerung zu speichern. Wiederholt sich eine Erfahrung oder ähnelt sie einer bereits gemachten, werden die gleichen neuronalen Verknüpfungen wieder aktiviert und neue Erfahrungen gegebenenfalls integriert. Im Laufe unserer individuellen Biographie entstehen so zahlreiche Verschaltungen unterschiedlicher Neuronen miteinander, neuronale Netze. Immer wieder benutzte Netzwerke etablieren sich als feste, stabile Verbindung. Verschaltungen, die wenig benutzt werden, werden mit der Zeit instabiler und verkümmern sogar ganz. Vergleichen kann man diese beschriebene Entwicklung gut mit einem Weg, der von vielen Menschen häufig genutzt wird und dadurch immer breiter und fester wird und womöglich sogar asphaltiert wird. Ein Weg der wenig bis gar nicht genutzt wird, wird mit der Zeit von Pflanzen überwuchert bis er ganz verschwunden ist (vgl. Hüther 1997).

Erfahrungen bestehen immer aus vielen Teilinformationen, die das Gehirn zu einem “Bild“ zusammenfügt. Treten zum Beispiel ein taktiler Reiz und ein optischer Reiz immer gemeinsam auf, wird die Verschaltung stabil und es entsteht ein gemeinsames Erregungsmuster, so dass es nur noch eines der beiden Reize bedarf, um das komplette Netzwerk zu aktivieren.

Übertragen wir diese Kenntnisse auf das Lernen in der Schule, kann es sich wie folgt darstellen. Wird ein bestimmter Lernstoff (häufig ist es die Mathematik) mit negativen Emotionen „gelernt", so reicht dann schon allein die Erinnerung an den Lernstoff oder der Anblick des Mathematikbuches aus, damit das negative Gefühl ausgelöst wird.

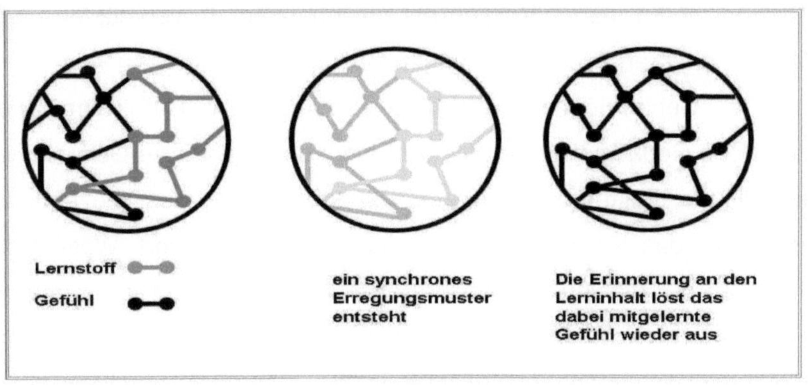

Verbindungen zwischen Nervenzellen können ihre Eigenschaften in Abhängigkeit von ihrer Verwendung verändern. Das trifft sowohl für einzelne Verbindungen als auch für gesamte Netzwerke zu. Diese Fähigkeit zur Veränderung, die als neuronale Plastizität bezeichnet wird, besteht ein Leben lang.

Was es dazu braucht, ist eine veränderte Nutzung z.B. in Form anderer Erfahrungen und neuer Bewertungen durch die betroffene Person. Nur so kann sich ein neues bzw. verändertes Netzwerk etablieren (Hüther 2002). Dieses Wissen ist für unsere Arbeit im Lerncoaching besonders wichtig.

Das Gedächtnis

Wenn wir uns an etwas erinnern, aktiviert unser Gehirn die neuronalen Verschaltungen, die das zu erinnernde Ereignis oder bestimmtes Faktenwissen repräsentieren. Um an uns gestellte Anforderungen erfolgreich zu bewältigen, ist es wichtig, dass wir zur richtigen Zeit das erforderliche Wissen abrufen können bzw. unser Gehirn das richtige Netzwerk aktiviert. Das ist beim Lernen in der Schule insofern von Bedeutung, weil es in der Regel darum geht, bestimmtes Faktenwissen zu reproduzieren, neues Wissen mit bestehendem zu verknüpfen oder Wissen in anderen Zusammenhängen einzusetzen.

Da unser Gehirn immer um Effizienz bemüht ist, kann man zwei wesentliche Gedächtnisarten unterscheiden, das deklarative Gedächtnis, zuständig für Fakten, Begriffe und Strukturen, und das prozedurale Gedächtnis, das Netzwerke für Handlungsabläufe aktiviert. Wesentlich beteiligt an der Bildung von deklarativem Wissen ist der Hippocampus. Er legt fest, wo und auf welche Weise bzw. in welchem Bedeutungszusammenhang Wissen in der Hirnrinde abgelegt wird. Außerdem steht er im engen Kontakt mit Emotionen und Motivation.

Für die Bildung des prozeduralen Wissens sind vorrangig die Basalganglien verantwortlich.

Das deklarative Gedächtnis

Unser Gehirn strukturiert eingehende Informationen eigenständig und entwickelt daraus ein Regel- bzw. Konzeptwissen, indem es vielfältige Erfahrungen miteinander abgleicht und neue Informationen entsprechend integriert.

Ein Beispiel: Wir wissen, dass Rom die Hauptstadt von Italien, Paris die Hauptstadt von Frankreich und Wien die Hauptstadt von Österreich ist. Bei den drei genannten Städten handelt es sich um Hauptstädte.

Erweitern wir das Wissensnetz, können wir auch sagen, dass es sich um europäische Hauptstädte handelt. Je größer und verzweigter ein Wissensnetz ist, desto leichter können neue Informationen integriert werden.

Für das Lerncoaching ist es wichtig zu wissen, dass diese Wissensnetzwerke sich sehr individuell entwickeln und dass möglicherweise gleiche Begriffe verwendet werden, diese aber in unterschiedliche Netzwerke bei Coach und Coachee eingebettet sein können.

So kann z.B. die Übung in der Lerncoachingsitzung, Adjektive aus einem Text herauszufiltern, nur unzureichend erfüllt werden, wenn der Lerner mit Adjektiven bislang nur Farben verbindet.

Fazit: Für die Entwicklung umfangreicher Wissensnetzwerke benötigen wir vielfältige Lerngelegenheiten, damit unser Gehirn selbst Konzeptwissen konstruieren kann.

Lernen muss also als aktiver Konstruktionsprozess gesehen werden, für den wir im Lerncoaching bei Bedarf entsprechende Erfahrungsräume schaffen müssen.

Das prozedurale Gedächnis

Hier werden Netzwerke für automatisierte Handlungsabläufe bei Bedarf aktiviert. Der große Vorteil dieser Art von Wissen ist, dass wir ohne nachzudenken, Tätigkeiten ausführen können, weil wir sie durch beständiges Üben so automatisiert haben, dass es keiner bewussten Prozesse mehr bedarf.

So können wir das Wort *Mississipidampfschifffahrtsgesellschaftskapitän* in sekundenschnelle lesen, weil wir sehr geübt im Lesen sind.

Das gelingt uns, weil wir die Erkennung von Buchstaben, sowie das Wissen über die Zuordnung von Buchstabengruppen zu Silben in unserer Sprache hoch automatisiert haben. Ein im Lesen ungeübter Mensch muss jeden Buchstaben einzeln in einen Laut übertragen und so mühsam das entsprechende Wort für sich konstruieren. Dabei benötigt er soviel Arbeitsspeicher, dass er große Mühe haben wird, zusätzlich Sinn entnehmend zu lesen. Automatisierung wird in vielen Bereichen gefordert. Dazu gehört das Lesen genauso wie das 1x1, das Vokabellernen und das Erkennen von Schaubildern (Stern, 2006)
Fazit: Wir benötigen automatisiertes Wissen als Voraussetzung von Verständnisprozessen, weil diese ausreichend freie geistige Kapazitäten erfordern.
Fehlt uns dieses Wissen an der einen oder anderen Stelle, fehlt uns der erforderliche Arbeitsspeicher, was unsere Möglichkeiten erfolgreich zu lernen, reduziert.

Lernen und Emotionen

Lernen und damit die Integration neuer Informationen in bestehende Netzwerke ist ohne Emotionen nicht denkbar. Dabei bildet das limbische System das zentrale Bewertungssystem des Gehirns. Alle Situationen, die wir durchleben, werden geprüft, ob sie uns bekannt sind, oder ob sie in Teilen früheren ähneln und welche Erfahrungen wir gemacht haben. Details werden dabei vom deklarativen Gedächtnis im Hippocampus hinzugefügt, was die Vernetzung der verschiedenen Gehirnareale nochmals verdeutlicht. Bei diesem Prozess wird bewertet, welche Informationen bzw. Situationen gut und vorteilhaft für uns sind und deshalb wiederholt werden sollten und welche schlecht, nachteilig oder sogar schmerzhaft für uns sind und deshalb nicht wiederholt bzw. gemieden werden sollten. Das „Gedächtnis“ dieser Erfahrungen ist nur zum Teil bewusstseinsfähig. Es ist nicht an Sprache gekoppelt, sondern es wird als Körpergefühl repräsentiert. Ein solches Körpergefühl kann sogar durch die bloße Erinnerung an bereits Erlebtes ausgelöst werden. Man kann sagen, es dient als inneres Referenzsystem zur Bewertung eigener Erfahrungen, indem es bestimmte Körpersignale hervorbringt, die auch als „somatische Marker" bezeichnet werden (vgl. Storch 2003). Diese somatischen Marker signalisieren uns aufgrund unserer ganz individuellen Biographie, ob eine Situation, eine bestimmte Wahrnehmung oder nur die bloße Vorstellung an Etwas unsere innere Körperorganisation aus dem Gleichgewicht bringt oder sie stabilisiert. Auf diese Weise wird unser Annäherungs- und Vermeidungsverhalten gesteuert.

Hieraus lässt sich ableiten, dass positive Gefühle uns beim Lernen unterstützen und negative entsprechend das Gegenteil bewirken können.

Leider kooperiert dieses Bewertungssystem nicht in der Weise mit unseren kognitiven Strukturen, dass immer eine Einheit zwischen emotionalen Bewertungen und den Bewertungen des Verstandes erzeugt wird. Wir alle kennen das von der Umsetzung unserer so vernünftigen Neujahrsvorsätze, die wir nach nur wenigen Tagen oder Wochen nicht mehr verfolgen. So kann sich zum Beispiel ein Lerner vornehmen, regelmäßig die Hausaufgaben zu machen, weil der Verstand ihm sagt, dass es für seinen Lernerfolg notwendig ist. Nimmt sein limbisches System eine andere Bewertung vor, wird er Schwierigkeiten haben, dieses Vorhaben langfristig umzusetzen.

„Ziehen beide Systeme an einem Strang", können zielgerichtet Handlungspläne umgesetzt werden.

Wenn positive Gefühle das Lernen unterstützen, müssen wir auch im Lerncoaching darauf achten, das der Coachee entsprechende

Erfahrungen machen kann, damit er diese in seine neuronalen Netzwerke integrieren kann. Diese Kenntnisse berücksichtigen wir bei der Arbeit an individuellen Zielen (Kapitel 3.2)

Motivation

Wenn Menschen motiviert sind, dann ist ihr Verhalten ausdauernd auf ein bestimmtes Ziel ausgerichtet, wobei die Intensität des Verhaltens variieren kann und von der Anziehungskraft des Ziels abhängt.

Motivation wird in der Regel unterschieden zwischen intrinsischer und extrinsischer Motivation. Extrinsisch motivierte Menschen handeln aufgrund eines Anreizes von Außen. Bei ihnen stimmen Handlung und Handlungsziel nicht überein. Der Antrieb für die Handlung wird durch den Außenreiz stimuliert, denn es geht darum den Stimulus (Belohnung oder Bestrafung) zu erreichen oder zu vermeiden.

Forschungsergebnisse zeigen, dass bei Menschen, die durch extrinsische Belohnung motiviert handeln, der Stimulus von außen mit der Zeit „verbraucht“ und das die Anreize immer „teurer“ werden müssen, um das erwünschte Handeln auszulösen.

Intrinsisch motivierte Menschen handeln aus eigenem Antrieb, aus sich selbst heraus. Ihr Handeln steht im Einklang mit ihrem Handlungsziel.

„Richtige“, selbstkongruente Ziele sind ein wesentlicher Faktor für motiviertes Handeln und daher ist das Aufspüren solcher Ziele ein wichtiger Teil unserer Arbeit. Wir orientieren uns dabei an dem von Storch/Krause beschriebenen Rubikon-Modell, ein motivations-psychologisches Prozessmodell, das verschiedene Stadien eines Wunsches beschreibt, bis dieser vom unbewussten Bedürfnis über ein entsprechendes Ziel aktiv in Handlung umgesetzt wird. Der wichtigste Punkt in diesem Prozess-Modell ist die „Überquerung des Rubikon“. Dabei wird der Abwäge- und Suchprozess, den der Wunsch in Gang

gesetzt hat, ins wirkliche Wollen überführt. Aus dem Motiv ist eine Intention geworden, die ein Gefühl der Entschlossenheit und Handlungssicherheit hervorruft.
Ein starker positiver Affekt unterstützt den Menschen dabei, sich dem Ziel verpflichtet zu fühlen und seine Aufmerksamkeit darauf zu fokussieren. Stellt sich also ein gutes Gefühl ein, ist damit die Entscheidung für das Wollen gefallen und das Ziel kann in Handlung umgesetzt werden.

Bedürfnis	Motiv	Intention	Präaktionale Vorbereitung	Handlung

Rubikon-Modell (Storch/Krause, 2003)

Geht man weiter der Frage nach, wie Motivation entsteht, lohnt sich erneut ein Blick in das Gehirn. Das Motivationssystem unseres Gehirns, repräsentiert durch ein Nervenzell-Netzwerk in der Mitte des Gehirns, schüttet unter bestimmten Bedingungen einen Botenstoff-Cocktail aus, der Aktivität, Lust und Glück erzeugt. Dabei ergänzen sich die verschiedenen Botenstoffe dieses Cocktails gegenseitig vortrefflich. Das Dopamin bewirkt Leistungsbereitschaft, endogene Opioide verbinden das Gefühl der Kraft mit dem Wohlbefinden und das Oxytocin, das „Beziehungshormon“ koppelt die Motivation an die Qualität der Beziehung, die wir zu unserem jeweiligen Gegenüber haben.
Wann werden nun diese Botenstoffe im Gehirn ausgeschüttet? Untersuchungen haben gezeigt, dass Erfolg, Beachtung, Interesse, die Zuwendung und die Sympathie anderer Menschen das Motivationssystem aktivieren.

Soziale Ausgrenzung, Misserfolg und Isolation hingegen deaktivieren das Motivationssystem von Menschen (Bauer, 2006).

Motivationssystem des Menschen

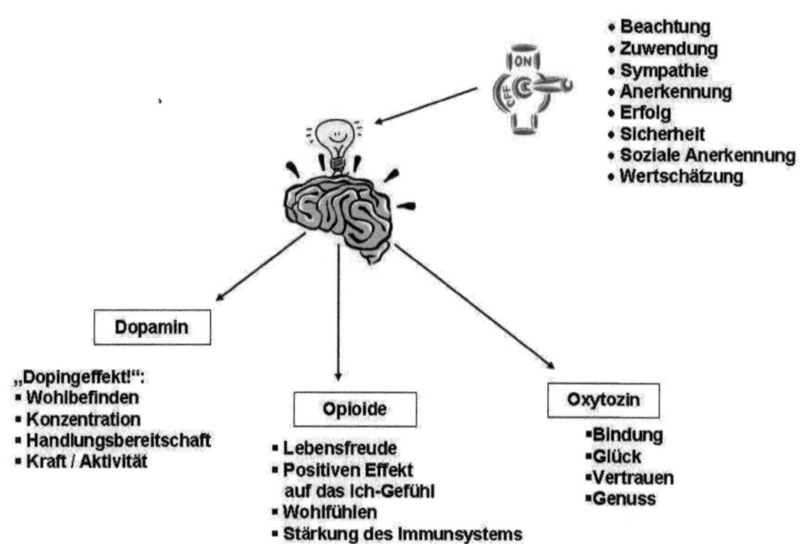

Diese Ergebnisse stützen auch die Selbstbestimmungstheorie von Decci und Ryan. Sie rückt drei angeborene psychologische Bedürfnisse, die für die Motivation relevant sind, in den Fokus. Danach wird Motivation bestimmt durch den Grad der Selbstbestimmung (Autonomie), den Grad des Kompetenzerlebens (Wirksamkeit) und den Grad der sozialen Eingebundenheit (Zugehörigkeit), die ein Mensch empfindet. Es wird vermutet, dass Menschen deshalb bestimmte Ziele verfolgen, weil sie auf diese Weise ihre angeborenen Bedürfnisse befriedigen können. Sind diese Bedürfnisse nicht befriedigt, überlagern sie den Lernprozess und behindern erfolgreiches Lernen. Im Lerncoaching muss dann darauf geachtet werden, dass der Coachee, z.B. durch Ressourcenarbeit, wieder in der Lage ist, Situationen für sich so zu gestalten, dass er sich wirksam und autonom in seinem Handeln fühlt. Die erfolgreiche Bewältigung von Aufgaben bietet solche Erfahrungen.

Sind Menschen in ihrem Handeln erfolgreich, fühlen sie sich wirksam, was wiederum ihr Selbstvertrauen stärkt. Aus diesen Erfahrungen heraus nehmen sie neue

Herausforderungen mit dem Gefühl an, dass sie diese bewältigen können, auch wenn es möglicherweise schwierig wird. Die Lust auf weitere Erfolge ist angefacht und die Neugier steigt, sich immer neuen Herausforderungen zu stellen.

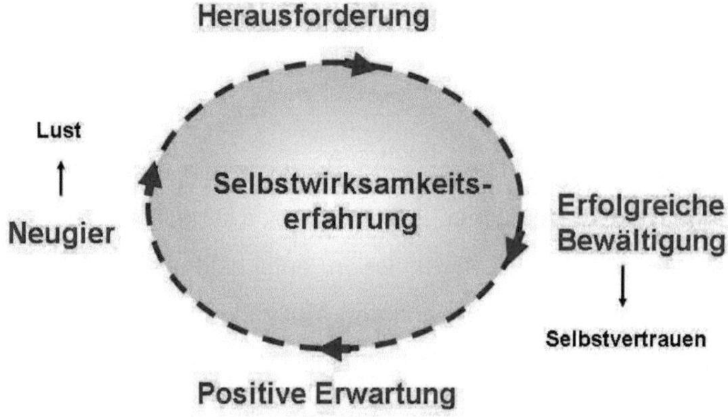

Erleben sich Menschen als nicht erfolgreich in ihrem Handeln, als nicht wirksam, verlieren sie an Selbstvertrauen. Die Zuversicht, Herausforderungen zu bewältigen sinkt. Als Folge vermeiden sie solche Situationen und ihr Selbstvertrauen sinkt weiter. Ein Negativkreislauf ist in Gang gesetzt.

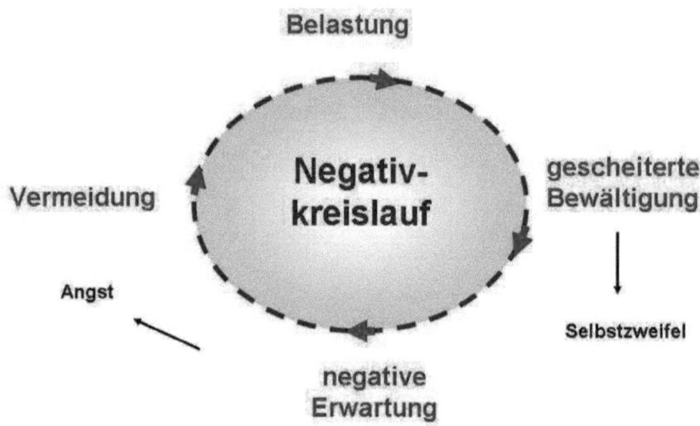

Wie bereits erwähnt ist die Qualität von Beziehungen und die soziale Eingebundenheit ein wesentlicher Faktor für motiviertes Handeln. Das Motivationssystem unseres Gehirns ist in entscheidender Weise auf Kooperation und Zuwendung ausgerichtet. Motivation wiederum ist eine Grundvoraussetzung für die Realisierung eines Veränderungswunsches, mit dem ein Kind oder ein Jungendlicher zu uns kommt. Es gilt also durch eine vertrauensvolle Beziehung zwischen Coach und Coachee dessen Motivation aufrechtzuerhalten bzw. zu stärken.

Eine qualitativ gute Beziehung ist daher die Grundlage für eine erfolgreiche Arbeit.

Beide, Coach und Coachee, müssen zu dieser Arbeit „JA“ sagen.

Kapitel 2 Werkzeuge zum Beziehungsaufbau

Was Sie in diesem Kapitel finden

- Die Beziehung zwischen Coach und Coachee ist von entscheidender Bedeutung für den Erfolg des Coachings.
- Die konstruktivistische Haltung definiert die Verantwortlichkeiten.
- Unser humanistisches und ressourcenorientiertes Menschenbild ist hilfreich für den Aufbau einer gelungenen Beziehungsebene.

2.1 Die Coaching-Grundhaltung

Coaching bietet Unterstützung auf der Prozessebene. Unsere Interventionen, die wir auch als „Werkzeuge" bezeichnen, sind Angebote. Die Coachees haben die Wahl, diese „Werkzeuge" für sich zu erproben. Tun sie dies, können sie prüfen und entscheiden, ob sie diese für hilfreich auf dem Weg zur Zielereichung erachten. Ansonsten sind wir als Coach in der Verantwortung, nach anderen Wegen zu suchen, um den Prozess z.B. mit anderen „Werkzeugen" weiter voranzubringen.

Die Verantwortung für die Inhalte liegt dagegen allein bei den Coachees. Wir machen deutlich, dass wir nicht wissen (können), was unsere Interventionen letztlich in ihnen auslösen. Das ergibt sich aus unserer konstruktivistischen Grundhaltung (siehe Kapitel 1). Wir können aus unserer Erfahrung heraus allerhöchstens sagen, dass diese „Werkzeuge" bei anderen Coachees mit ähnlicher Zielsetzung schon erfolgreich waren.

Wir wissen auch nicht, was für sie richtig und gut ist, d.h. wir sagen ihnen nicht, wie sie sich in Zukunft verhalten sollen. Beim Coaching in eigener Praxis ist dies auch eine wichtige Information für anwesende Eltern, die sich manchmal Botschaften mit „richtigem“ Verhalten an ihre Kinder von uns wünschen.

Egal, wie der Coachee sich am Ende entscheidet, wir akzeptieren diese Entscheidung und geben dazu nur auf ausdrücklichen Wunsch eine Bewertung ab.

Transparenz des Konzeptes

Was ist eigentlich Lerncoaching? Für die meisten Coachees ist dies zunächst ein abstrakter Begriff, mit dem die wenigsten etwas anfangen können.

Lerncoaching als Konzept ist für uns Hilfe zur Selbsthilfe. In Abgrenzung zur Nachhilfe, in der Defizite in einem bestimmten Fach bzw. in einer bestimmten Thematik bearbeitet werden, geht es im Lerncoaching, wie wir es verstehen, darum, in möglichst kurzer Zeit auf eigenen Beinen zu stehen und eine Strategie entwickelt zu haben, um die selbst gesteckten Lernziele zu erreichen.

Wir beginnen das Gespräch nach der Begrüßung meist mit dem Satz: „ Wir arbeiten im Lerncoaching an persönlichen Verbesserungen zum Thema Schule und Lernen."

Dies illustrieren wir mit einigen Beispielen:

Einige wollen

- o besser lesen oder schreiben können
- o besser rechnen können
- o sich besser konzentrieren können
- o in Prüfungssituationen gelassener sein
- o sich mehr zutrauen
- o effektiver lernen
- o mehr Spaß an der Schule haben etc.

Der obige Satz charakterisiert schon zu Beginn die Ressourcen- und Zielorientierung unseres Ansatzes. Wir zeigen damit dem Coachee, dass wir davon ausgehen, dass er mit dem, was er erreichen will, nicht bei Null anfängt. Damit ist ein erster Schritt weg von einer Problem- und hin zu einer Ressourcenorientierten Haltung getan.
Dann erläutern wir kurz die Begriffe Ziel- und Ressourcenorientierung:
„Wenn ich nicht weiß, wo ich hin will, kann es sein, dass ich ziellos umherirre." Damit illustrieren wir den Ausblick auf den Coachingbeginn, der sich schwerpunktmäßig mit der Erarbeitung eines konkreten Zielsatzes beschäftigt. (näheres dazu in Kapitel 3)
Mit Ressourcen bezeichnen wir all das, was Menschen dabei hilft, sich wohl in ihrer Haut zu fühlen, schwierige Situationen erfolgreich zu meistern und ihre Ziele zu erreichen. Wir gehen davon aus, dass Menschen grundsätzlich über die nötigen Ressourcen verfügen, jedoch

nicht immer den erforderlichen Zugang zu ihnen haben. Mit unserer Arbeit unterstützen wir sie darin, sich dieser Ressourcen bewusst zu werden und sie gezielt für die gewünschten Veränderungen einsetzen zu können.

Wie bist du heute hier?

Für uns ist es wichtig zu wissen, mit welcher Gefühlslage die Coachees zu uns kommen. Diese Frage stellen wir daher am Beginn jeder Stunde neu. Jüngere Kinder bekommen dazu einen Würfel in die Hand, auf dem statt Zahlen Smileys (gezeichnete Gesichter) mit verschiedenen Stimmungen zu sehen sind. Damit zeigen sie ihre momentane Befindlichkeit an. Wir fragen dann nach, wie es aus Sicht der Kinder zu dieser Stimmung gekommen ist. Damit geben wir ihnen Gelegenheit zu einem ersten eigenen Redebeitrag, um eventuell vorhandene Ängste und Hemmungen abzubauen. Ältere Jungendliche mit mehr Sprachkompetenz werden nach ihrem momentanen Energie- und Motivationslevel befragt.

Die so gewonnenen Informationen nutzen wir für unser weiteres Vorgehen. Schlechte Stimmung, wenig Energie und Motivation betrachten wir im Sinne der Themenzentrierten Interaktion (TZI) als Störung, die vorrangig behandelt werden muss, bevor wir mit der eigentlichen Arbeit beginnen.

Folgende Fragen zur Störungsbeseitigung können dabei hilfreich sein:

-Was würdest du jetzt benötigen, damit sich deine Stimmung, deine Energie, deine Motivation so weit verbessert, dass wir hier erfolgreich arbeiten können?

-Was kannst du selbst dazu beitragen? Was können wir als Coach tun?

2.2 *Kommunikation auf Augenhöhe*

Augenhöhe und Empathie

Wir begegnen den Coachees auf Augenhöhe. Dazu gehört für uns auch Transparenz. Wir erklären unsere „Werkzeuge“ vor dem Einsatz gründlich, und dies sowohl was den Ablauf angeht als auch den gewünschten Effekt. Erst dann treffen wir gemeinsam die Entscheidung, dieses „Werkzeug“ zu erproben.

Die Coachees haben ein sehr gutes Gespür dafür, ob wir mit dem was wir sagen und tun, authentisch sind, ob unsere Empathie echt oder aufgesetzt ist.

Nonverbales Angleichen

Guter Kontakt baut wesentlich auch auf Elemente der nonverbalen Kommunikation auf. Wenn wir mit unseren Mitmenschen über die Körperhaltung, den Atemrhythmus, die Lautstärke und Sprechgeschwindigkeit im Einklang sind, fühlen wir uns beide wohl.

Wir beobachten daher die nonverbalen Signale unseres Gegenübers sehr genau und passen uns soweit an, wie es sich auch für uns gut anfühlt.

Dabei ist es wichtig, dies mit dem nötigen Respekt zu tun. Es geht uns um einfühlsames Eingehen auf den anderen, nicht um Nachäffen und Manipulation.

Wenn wir das Gefühl haben, gut miteinander in Kontakt zu sein, können wir dazu übergehen eine ressourcevollere Haltung einzunehmen, d.h. wir richten Oberkörper und Kopf auf und entspannen Nacken und Schultern (siehe auch Kapitel 5.3 Embodiment). Empfindet auch der Coachee den Kontakt als positiv, so übernimmt er häufig unsere nonverbalen Signale. Auch hier ist wieder unsere Haltung entscheidend. Bildlich gesehen kann man es sich wie eine körpersprachliche Aufforderung zum gemeinsamen Tanz vorstellen. Ob der Coachee diese annimmt, liegt allein in seiner Entscheidung.

Kindgerechte Sprache

Gerade für Grundschulkinder mit einem kleineren Wortschatz ist es wichtig, dass wir uns ihnen sprachlich anpassen. Wenn wir sie fragen, was sie denn mit unserer Hilfe beim Lerncoaching verbessern möchten, hören wir häufig: „Ich will mich besser konzentrieren".

Auf unsere Nachfrage, was sie damit genau meinen, können sie dann keine Antwort geben. Da liegt die Vermutung nahe, wir hören durch die Kinder die Stimme der Eltern oder der Lehrer.

Dann helfen Fragen wie

- Wobei willst du denn etwas besser können? Bei den Hausaufgaben oder im Unterricht?
- Woran würdest du merken, dass du es schon besser kannst?
- Woran würden es deine Eltern oder deine Lehrerin merken?

Wenn wir im direkten Dialog nicht vorankommen setzen wir Handpuppen wie den Quasselwurm, den schlauen Fuchs, den starken Zauberer und andere ein. Oder wir arbeiten mit Märchen und Metaphern. Das ermöglicht es den Kindern, sich weit genug von ihren negativen Gefühlen zu dissoziieren, um unsere Fragen zu beantworten. Eine weitere kindgerechte Möglichkeit ist es, die Kinder ihr Problem- und Zielbild malen zu lassen.

Kapitel 3 Erarbeitung eines Coaching-Zieles

Was Sie in diesem Kapitel finden

- Unser Lerncoaching ist zielorientiert.
- Wir arbeiten vorwiegend mit Haltungszielen nach dem Zürcher Ressourcen Modell®.
- Bei der Umsetzung der Ziele in Handlung werden sowohl der Verstand als auch das Emotionale Erfahrungsgedächtnis berücksichtigt.
- Gezielte Erinnerungshilfen unterstützen die Zielerreichung.

3.1 *Theorie zur Zielearbeit*

In den meisten Coachingausbildungen wird gelehrt, dass Ziele spezifisch, messbar, attraktiv, realistisch und terminiert (S.M.A.R.T.) formuliert sein sollen, damit sie erfolgreich umgesetzt werden können. In der Realität zeigt es sich, dass dieses Verfahren sehr praktikabel ist, aber nicht immer handlungswirksam. Eine Variante, Ziele handlungswirksam zu erarbeiten und zu formulieren, bietet das Zürcher Ressourcenmodell (ZRM®).

Ziele lassen sich nach diesem Modell in situationsspezifische („Bei der nächsten Präsentation spreche ich frei und zur Klasse gewandt.“) oder situationsübergreifende („Ich äußere mich frei und selbstbewusst“) einteilen.

Außerdem lassen sich Ziele danach kategorisieren, ob sie als Haltungsziel („Ich bin selbstbewusst“) oder als Handlungsziel („Bis zu den Ferien erscheine ich jeden Morgen pünktlich zum Unterricht“) formuliert sind. Ziele auf der Haltungsebene beschreiben in einer allgemeinen Formulierung eine bestimmte Verfassung, welche zwar eine bestimmte Verhaltensweise nach sich zieht, sie aber nicht konkret benennt.

Die vier Quadranten der Zielformulierung mit Beispielen

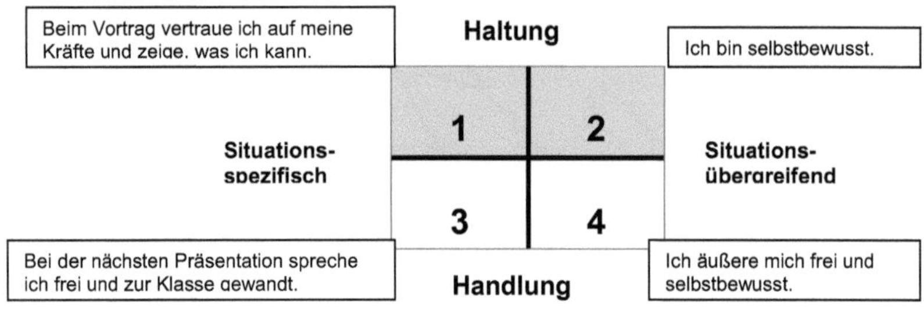

Nach Maja Storch/Astrid Riedener: Ich packs! - Selbstmanagement für Jugendliche, Bern 2005, S. 92

Allgemein formulierte Ziele werden stärker zu dem eigenen Selbst gehörend erlebt, als konkret formulierte Ziele, und sie sind mit starken Emotionen verbunden.

Zielformulierungen auf der konkreten Handlungsebene aktivieren im Gehirn ein System, was den positiven Affekt herabreguliert.

Damit ein allgemein formuliertes Ziel handlungswirksam ist, muss es drei Kernkriterien erfüllen.

1. Es muss als Annäherungsziel formuliert sein.
2. Es muss eigenes Kontrollerleben ermöglichen.
3. Es muss einen eindeutig positiven somatischen Marker auslösen.

1. Annäherungsziel

Es formuliert den gewünschten Endzustand. Der Gegensatz dazu wäre ein Vermeidungsziel, mit dem Themen beschrieben werden, von denen man wegkommen will.

Bei der Zielearbeit gilt es also, Negationen in der Zielformulierung zu vermeiden.

Beispiele:

- Weniger ängstlich ➔ mutig
- Nicht so schnell ausrasten ➔ ruhig sein
- Keine Selbstzweifel ➔ Selbstvertrauen

2. Kontrollerleben

Ein Mensch mit Kontrollerleben verfügt über die Haltung, dass er selbst über mindestens eine Möglichkeit verfügt, sein Leben aktiv zu gestalten.

Beispiel:

- „Meine Eltern sollen endlich kapieren, dass... „(unterliegt nicht der eigenen Kontrolle) ➔ „Ich vertrete meinen Standpunkt gegenüber meinen Eltern ruhig und klar."
- „Ich will das Fußballspiel gewinnen!" ➔ Ich werde mein Bestes geben!"

3. positiver somatischer Marker

Es handelt sich um ein biologisches Bewertungssystem, das durch Erfahrung entsteht und über Körpersignale („Bauchgefühl") und/oder emotionale Signale verläuft. Somatische Marker steuern das Annäherungs- bzw. Vermeidungsverhalten. Durch sie werden parallel zum Verstand unbewusst Bewertungen zu Situationen, Menschen etc. vorgenommen. Das Bewertungsmuster erfolgt nach dem „Schwarz-Weiß-Prinzip". Beide Bewertungssysteme (Verstand und somatischer Marker) kommen nicht selten zu sich widersprechenden Ergebnissen. Ein handlungswirksames Ziel muss einen eindeutig positiven somatischen Marker hervorrufen.

Um festzustellen, ob ein somatischer Marker eindeutig positiv ist, wird mit einer Affektbilanz gearbeitet. Dabei wird sichergestellt, dass das Ziel keinen negativen und einen eindeutig positiven Affekt hervorruft. Das ist gewährleistet, wenn das Ziel auf einer Skala von 0 (kein negativer Affekt) bis 100 (absolut positiver Affekt) bei der Negativbilanz bei 0 und die Positivbilanz mindestens bei 70 verortet wird.

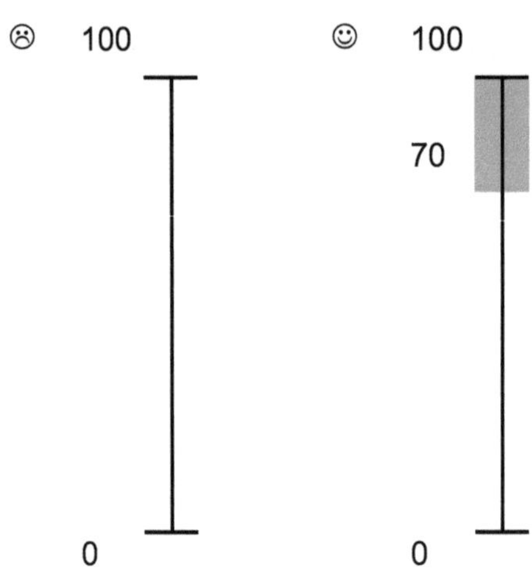

3.2 Ein Praxisbeispiel

Im Folgenden wird kurz an einem Beispiel dargestellt, wie mit dem Verfahren des ZRM® ein Ziel gestaltet und das Bauchgefühl mit „ins Boot" geholt wurde.

Erst Haltung und dann Verhalten!

Carina (Name geändert) erarbeitete mit Hilfe der SMART-Formulierung das Ziel: „Um den Abschluss zu schaffen, komme ich bis zu den Ferien jeden Tag pünktlich zum Unterricht."

Für kurze Zeit hatte Carina ihr Ziel eingehalten, aber jetzt klappte es schon wieder nicht. Von einer starken Zielverpflichtung kann daher wohl nicht gesprochen werden.

Aber was fehlt dem Ziel? Aus kognitiver Sicht erschien ihr das Ziel total vernünftig, die emotionale Bewertung des Ziels hatte allerdings keine positiven, sondern eher negative Reaktionen hervorgerufen.

Nach Maja Storch reicht die kognitiv geprägte SMART-Formulierung oft nicht aus, da sie die affektive Bewertung eines Ziels nicht ausreichend berücksichtigt. Forschungsergebnisse zeigen aber, dass eine positive affektive Einstellung als Kraft eines Ziels gesehen werden muss, die entsprechendes Ziel förderndes Verhalten hervorbringt. Zielformulierungen auf der konkreten Handlungsebene aktivieren im Gehirn allerdings ein System, welches den positiven Affekt herabreguliert. (Storch/Riedener, 2005)

Und wie kann jetzt eine Veränderung erreicht werden?

Nach dem Konzept des ZRM® muss sich bei Carina zunächst die Haltung zu ihrem Ziel verändern, bevor sich ihr Verhalten nachhaltig ändern kann.

Die Suche nach einer neuen Haltung für Carinas Ziel findet entsprechend auf der Bilder- /Symbol-Ebene statt, weil diese eine Art „Dolmetscher-Funktion“ zwischen bewusster und unbewusster Informationsverarbeitung ermöglicht und damit den emotionalen Anteil des Ziels integriert.

Entwicklung eines Haltungsziels (Mottoziel)

Nach gründlicher Überlegung wählt Carina ein Lied eines ihrer Rap-Idole aus, von dem sie fest überzeugt ist, dass es sie bei der Umsetzung ihres Vorhabens unterstützen wird. Die Melodie löst einen deutlichen positiven somatischen Marker bei ihr aus. Sie assoziiert mit dem Lied ein „leichtes Herz“, „Freude“, „inneren Frieden“, „Glück“.

Ihr Mottoziel heißt: „Ich habe Musik im Herzen und lebe glücklich den Tag.“ Dieses Ziel ruft bei Carina einen deutlich positiven somatischen Marker hervor. Aus neurobiologischer Sicht wurde mit dem formulierten Ziel ein neues neuronales Netz geknüpft, das allerdings noch sehr instabil ist.

Primings (gezielte Erinnerungshilfen)

Im nächsten Schritt werden Erinnerungshilfen gestaltet, die das neue neuronale Netz festigen sollen, in dem sie es unbewusst stimulieren. Dabei ist unbedingt darauf zu achten, dass diese Erinnerungshilfen in einem engen Zusammenhang mit dem zu realisierenden Ziel stehen.

Carina hat für ihr Ziel folgende Erinnerungshilfen ausgewählt: Eine Halskette mit einem Herz, ihr Lied wird sie auf ihrem Handy als Klingelton einrichten und sie wird sich zu Hause ein Bild zu ihrem Ziel malen, dass sie über ihr Bett hängen wird.

Jetzt beginnt für Carina die Trainingsphase, in der sie in vielen Situationen ihr Ziel in Handlung umsetzt.

Sie geht seit langer Zeit regelmäßig zum Unterricht und fast immer pünktlich.

Beispiele für weitere Mottoziele (Storch/Schett,2009):

- Ich bin Scrat* und beiß mich durch (Abitur schaffen)
- Ich stehe fest wie eine Eiche an der Atlantikküste (Stressreduktion bei Prüfungen)
- Ich entfache meine Energie (Angstreduktion bei Referaten)
- Steter Biber nagt den Stamm (Beharrlichkeit und Ausdauer)
- George Clooney** lebt in mir (Lockerheit in mündlichen Prüfungen)

* Säbelzahnhörnchen aus dem Animationsfilm Ice-Age, das sich auch durch viele Schwierigkeiten nicht von seinem Ziel abbringen lässt.

** Hollywood-Star, steht für selbstbewusstes Auftreten.

Kapitel 4 Werkzeuge zur Diagnostik

Was Sie in diesem Kapitel finden

- Skalenfragen machen den Weg zum Ziel messbar.
- Die Arbeit mit Logischen Ebenen erleichtert den Einstieg in den Coaching-Prozess.
- Unterschiedliche Arbeitsstile erfordern unterschiedliche Lernstrategien.

Der Coachee hat jetzt mit unserer Hilfe seinen Zielsatz formuliert. Wir stehen nun vor der Entscheidung, ob wir weitere Informationen für den Coaching-Prozess benötigen. Das können Informationen darüber sein, über welches Selbstbild der Coachee verfügt, wie er sich selber einschätzt, wie er sich die Welt konstruiert oder welche Sinneskanäle er bevorzugt zum Lernen einsetzt. Uns stehen dafür verschiedene Diagnosetools zur Verfügung, von denen wir hier einige näher vorstellen möchten.

Unser Hauptwerkzeug im Coaching sind die Systemischen Fragen, die wir im Kapitel 1 schon ausführlich vorgestellt haben. Zu den Systemischen Fragen gehören auch die Skalenfragen, die wir hier gesondert vorstellen, weil sie in fast jedem Coaching-Prozess zum Einsatz kommen und wichtige diagnostische Informationen liefern.

4.1 Skalierung

Mit Skalenfragen suchen wir nach Unterschieden zwischen verschiedenen Zuständen und Verhaltensweisen. Ein wesentliches Ziel dieser Fragen ist es, dem Coachee zu verdeutlichen, dass er über

Wahlmöglichkeiten verfügt. Im folgenden Beispiel setzen wir die Skalenfragen zur Ressourcenaktivierung und zur Diagnostik ein.

Wir arbeiten mit einer Skala von 1 bis 10. Sie gibt uns Informationen darüber, wie die Coachees sich in Bezug auf ihr Ziel selber einschätzen (Ist-Stand) und wo sie gefühlt am Ende des Prozesses ankommen wollen (Zielzustand).

Beispiel:
Das Ziel lautet: Jetzt arbeite ich konzentriert.
Ziffer 1 würde bedeuten, dass es dem Coachee so gut wie nie gelingt sich zu konzentrieren.
Ziffer 10 am Ende der Skala würde für 100% Zielerreichung zu jeder Gelegenheit stehen.
Der Coachee in unserem Beispiel sieht sich selber im Moment bei 5 auf der Skala.

Das gibt uns die Möglichkeit

1. Die Ressourcen des Coachees zu aktivieren:
„Super, du hast ja schon die Hälfte allein geschafft. Du verfügst also jetzt schon über Fähigkeiten und Strategien, um deine Ziele zu erreichen."

2. Informationen über schon eingesetzte Lösungsansätze zu erfragen:
„Wie hast du es denn geschafft, auf 5 zu kommen? Welches Verhalten, welche Fähigkeit oder welche Strategie hast du dafür genutzt?"

3. Informationen über den Ziel-Wert erfragen:

„ Wo auf unserer Skala möchtest du am Ende unserer gemeinsamen Arbeit stehen?“

Die Antwort lautet 8-9. Da es sich um einen gefühlten Wert handelt, lassen wir diese Unbestimmtheit ohne Nachfrage so stehen.

Vor allem Grundschulkinder empfinden allein die Frage nach dem Ziel-Wert manchmal als seltsam. Für sie ist es völlig klar, dass nur die 10 das Ziel sein kann, und sie können gar nicht verstehen, dass andere Kinder auch mit 7 oder 8 zufrieden sind.

Die Skalierung dient uns während des gesamten Prozesses als wichtiger Indikator. So fragen wir häufig zu Beginn einer neuen Sitzung nach Fortschritten.

„Du warst letzte Woche bei 5 und willst nach 8-9. Wo stehst du jetzt? Wie bist du dahin gekommen?“

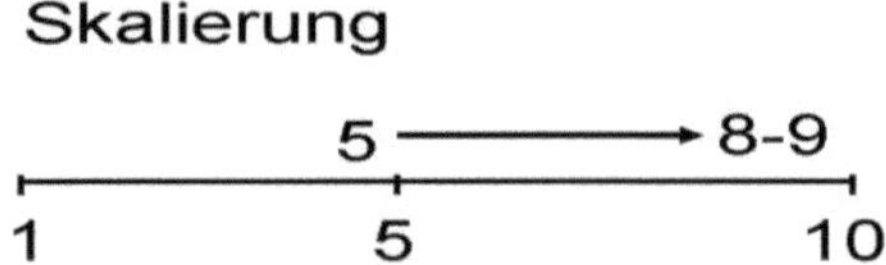

Beispiel:

Ein achtjähriges Mädchen (2. Schuljahr), die sich mehr zutrauen wollte (von 4 nach 8 auf der Skala), hatte in der ersten Sitzung eine kleine Yogaübung (siehe Kapitel 5) gelernt, die sie stärken sollte und die sie zuhause allein üben konnte. Obwohl sie mit Nachkommastellen noch nicht viel anfangen konnte, erzählte sie in der Folgesitzung, sie sei durch das Üben jetzt bei 5,2. Wir haben auch diesen „gefühlten“ Wert nur dadurch kommentiert, dass wir sie zu ihrem Fortschritt beglückwünscht haben.

Wir greifen die Skalierung am Ende noch einmal auf.

„Du hattest zu Beginn unserer Arbeit angegeben, auf der Skala von 5 nach 8-9 kommen zu wollen, und gibst an, jetzt dort angekommen zu sein. Ist denn jetzt alles so, wie es für dich sein soll, oder hat sich dein Ziel in der Zwischenzeit verändert bzw. gibt es ein neues Ziel?

Ist es für dich OK, wenn wir unsere gemeinsame Arbeit jetzt beenden?"

4.2 Logische Ebenen

Bei der Arbeit mit den logischen Ebenen handelt es sich um ein NLP-Modell, das maßgeblich von Robert Dilts entwickelt wurde (Dilts, 2005). Es gibt unterschiedliche Ausprägungen dieses Modells. Wir arbeiten im Lerncoaching mit den Ebenen Umgebung, Verhalten, Fähigkeiten, Werte und Identität.

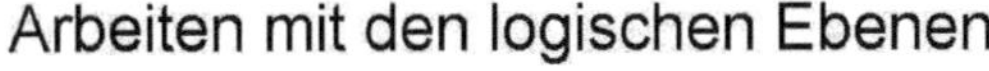

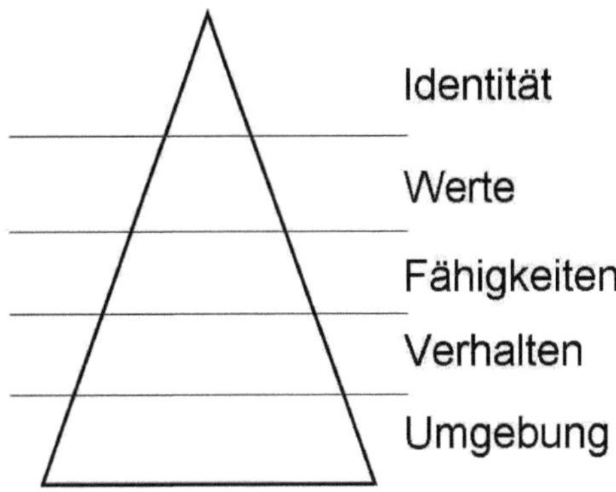

Wir nutzen die fünf Ebenen, um Informationen darüber zu sammeln, wo wir im Veränderungsprozess zunächst am besten ansetzen. Nach diesem Modell haben Aussagen auf der Identitätsebene einen viel stärkeren Einfluss auf den Lernerfolg als beispielsweise Aussagen über das Lernverhalten oder die Lernumgebung (Pagel, 2006).

Wir arbeiten bei dieser Methode mit Bodenankern, das heißt, fünf Karten auf denen die Namen der logischen Ebenen stehen, werden in der obigen Reihenfolge im Abstand von etwa einem halben Meter hintereinander auf dem Fußboden ausgelegt.
Der Coachee wird zunächst gebeten, sich neben die Karte mit der Aufschrift ‚Umgebung' zu stellen. Dann werden zu dieser Ebene Fragen gestellt (siehe folgendes Beispiel) und die Antworten werden ebenfalls auf Karten geschrieben und auf dem Boden ausgelegt. So wird nacheinander mit allen Ebenen verfahren.

Ein Beispiel zur Veranschaulichung:
Simon, 16 Jahre, 11.Schuljahr Gymnasium (Name geändert)
Ziel: Ich bin optimal organisiert.
Frage zur Umgebung: „Wo lernst du? Was an dieser Umgebung ist förderlich für dein Ziel, was weniger förderlich?"
Antwort:
- „Ich besitze ein eigenes Zimmer mit viel Licht und frischer Luft."
- „Ich arbeite meist an meinem Schreibtisch, da der Stuhl sehr bequem ist."

Frage zum Verhalten: „Was tust du konkret für deinen Lernerfolg?"
Antwort:
- „Ich arbeite viel mit Skizzen und Beispielen."
- „Ich sortiere und ordne meine Unterlagen regelmäßig."

Frage zu den Fähigkeiten: „Welche Fähigkeiten setzt du gezielt zum Lernen ein?“

Antwort:

- „Ich kann mich gut konzentrieren, besitze Ehrgeiz und Ausdauer.“

Frage zu den Werten: „Was treibt dich an und motiviert dich?“

- „Es gibt mir ein gutes Gefühl, etwas geschafft zu haben.“
- „Ich will gute Noten bekommen, um später bessere Berufschancen zu haben und ein schönes Leben führen zu können.“

Frage zur Identität: „Was glaubst du über dich und deinen Lernerfolg?“

Antwort:

- „Ich bin faul.“
- „Ich könnte mehr erreichen.“

Nicht immer sind die Ergebnisse so eindeutig, wie im vorliegenden Fall. Auch wenn das Ziel zunächst den Eindruck erweckt, man müsste an Veränderungen im Bereich Umwelt, Verhalten oder Fähigkeiten arbeiten, um optimal organisiert zu sein, so liegt der Ansatz hier eindeutig auf der Identitätsebene.

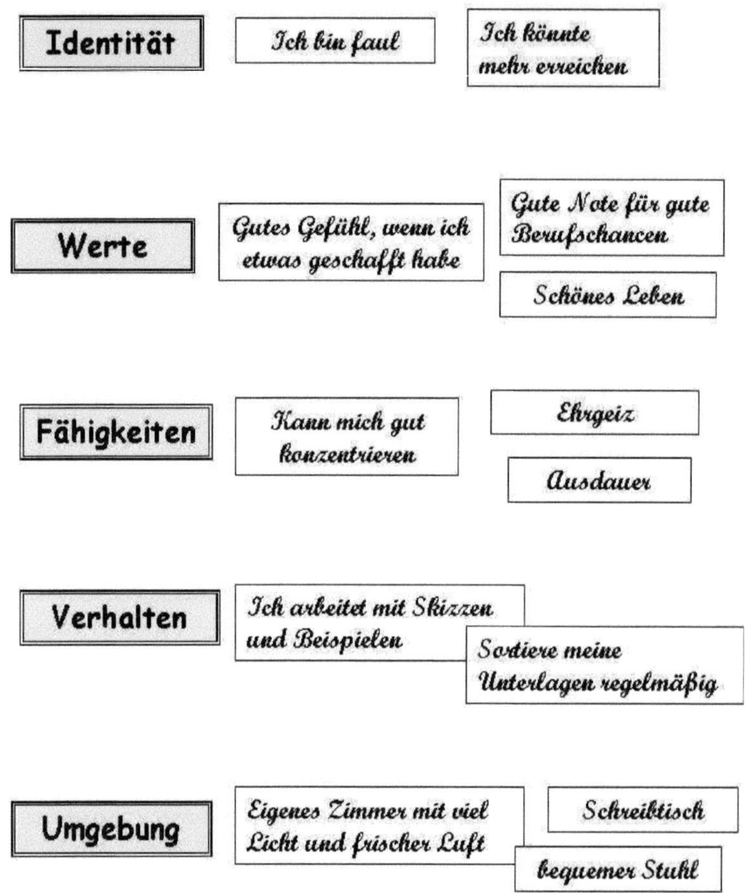

Als Simon sein Ergebnis der Arbeit mit den logischen Ebenen vor sich auf dem Boden liegen sieht, ist ihm dies sofort klar. Die eigene Zuschreibung „faul zu sein", wirkt wie eine Blockade. Nachdem Simon diese mit Hilfe der Arbeit am inneren Team (siehe Kapitel 6) beseitigt hatte, stand seiner Zielerreichung nichts mehr im Wege.

4.3 *Wahrnehmungsmuster*

Lernprozesse lassen sich in eine Phase der Informationsaufnahme, der Informationsverarbeitung und der Informationsspeicherung aufteilen. In allen drei Phasen spielen unsere Sinnesorgane bzw. die Regionen in unserem Gehirn, die durch die Nutzung unsere Sinnesorgane aktiviert werden, eine wesentliche Rolle. Dabei sind der visuelle (sehen), der auditive (hören) und der kinästhetische (fühlen) Sinn für das Lernen wohl die bedeutsamsten.

Grundsätzlich kann man sagen, dass man beim Lernen möglichst viele Sinne ansprechen sollte, damit der Lerngegenstand in einem umfangreichen Netzwerk integriert werden kann. Dennoch haben wir individuelle Vorlieben und bevorzugen den einen oder anderen Sinneskanal beim Lernen. Ein Grund dafür ist unter anderem die individuelle genetische Ausstattung der Sinnesorgane. Wer schlecht sieht, wird vermutlich nicht vorrangig sein Auge für die Informationsaufnahme und -verarbeitung nutzen. Er wird einen anderen Wahrnehmungskanal bevorzugen und das Auge unterstützend einsetzen.

Wer welches Sinnesorgan mit wie viel Prozent bei der Informationsaufnahme und -verarbeitung einsetzt, lässt sich nicht so einfach feststellen. Man kann aber sagen, dass es bei jedem Menschen individuell sehr unterschiedlich ist.

Von daher haben wir uns entschieden, auf die klassische Einteilung in Lerntypen zu verzichten, da sie aus unserer Sicht stigmatisierend ist und den komplexen Prozessen nicht gerecht wird.

Dennoch haben wir es in unserer Arbeit mitunter als hilfreich erlebt, wenn wir Tendenzen verdeutlichen können und daraus gemeinsam mit dem Coachee Lernhilfen ableiten können.

Um solche Tendenzen zu ermitteln, haben wir einen kurzen Fragenbogen (siehe Anhang) entwickelt, der uns erste grobe Informationen über bevorzugte Wahrnehmungskanäle gibt. Natürlich genügt dieser Fragebogen keinen wissenschaftlichen Ansprüchen, ist aber als Ergänzung für unsere Arbeit völlig ausreichend.

Nehmen wir als Beispiel die Gestaltung des Arbeitsplatzes: Es gibt Menschen, die gerade so viel Ordnung halten, wie sie es für ihre Arbeit benötigen und andere, die ihren Arbeitsplatz perfekt gestalten, um dort arbeiten zu können. Und Dritte fühlen sich im kreativen Chaos am wohlsten.
Die Art und Weise der Arbeitsgestaltung gibt somit einen Hinweis auf den bevorzugten Wahrnehmungskanal eines Menschen.
So benötigen Menschen, die einen Schwerpunkt auf dem visuellen Kanal haben, einen aufgeräumten Arbeitsplatz, weil sie durch zu viele visuelle Reize schnell abgelenkt sind. Menschen, die eher einen auditiven oder kinästhetischen Schwerpunkt haben, macht Unordnung in der Regel wenig aus.

Für viele Coachees ist es häufig schon eine Erleichterung, sich dieser Tatsache bewusst zu werden, welche Sinneskanäle sie bevorzugt beim Lernen einsetzen.
Manchmal hilft es auch, einen Disput mit den Eltern zu klären, die gerne ihr bevorzugtes System durchsetzen möchten, weil sie es für Erfolg versprechend halten.
Wir haben dafür eine Kurzinformation entwickelt, damit Eltern ihre Kinder individuell unterstützen können (siehe Anlage)

Wer über den Fragenbogen feststellt, dass sich ein eindeutiges Übergewicht eines Sinneskanals ergibt, bisher aber, aus welchem Grund auch immer, zum Lernen vorrangig Strategien eines anderen Sinneskanals nutzte, hielt sich möglicherweise für einen Lernversager. Jetzt wird ihm klar, nur eine für ihn nicht optimale Strategie verfolgt zu haben und dies nun korrigieren zu können.
Aber auch für den Großteil der Coachees, die nur geringe Unterschiede bei der Nutzung ihrer Sinneskanäle erkennen lassen, bringt dieser Fragebogen Vorteile. Sie können bei zukünftigen Lernprozessen darauf achten, gezielt mit allen Kanälen zu lernen, da sich dadurch die Behaltensleistung deutlich steigern lässt.
Zusätzlich achten wir im Coachinggespräch auf Sprachmuster unserer Coachees. Auch sie geben uns einen Hinweis auf die Sinnesmodalitäten, mit denen der Coachee gerade denkt. Wir versuchen dann, mit unserer Sprache den entsprechenden Kanal zu bedienen.

Beispiele:

Visuelle Sprache	**Auditive Sprache**	**Kinästhetische Sprache**
Ich sehe das so…	Ich verstehe das so …	Ich nehme an …
Das ist mir klar	Das verstehe ich.	Das begreife ich.
Völlig klar!	Stimmt!	Hab ich begriffen!
Es gibt verschieden Blickwinkel.	Es gibt verschiedene Stimmen.	Es gibt verschiedene Standpunkte
Mir scheint …	Das klingt …	Ich habe das Gefühl …
Da sehe ich schwarz.	Das hört sich nicht gut	Da braut sich was zusammen.

Weitere Beispiele für häufig benutzte Verben

Visuell:

Sichtlich, unsichtbar, übersehen, gucken, schielen, weitsichtig, ins Auge fassen, schauen, deutlich, Absicht, Aussicht, Rücksicht, Vorsicht, farbig, hell, dunkel, rund, eckig, versehen, schwarzsehen, Horizont, bestrahlen, strahlen, Bild, ausmalen, Gemälde, vor Augen haben, einsehen, anschaulich, trüb, aufzeigen, sich zeigen, Perspektive, ansehnlich, scheinbar, die Augen offen halten, Vorschau, Blitz, ans Licht bringen, ...

Auditiv:

Lauschen, klingt, summen, pfeifen, flüstern, rattern schwatzen, gurren, blechern, Töne, Knall, Musik, tratschen, sich fragen, Ankündigung, Donnerwetter, ich sag mal ..., fragen, schnurren, ...

Kinästhetisch:

Erfüllt, erschlagen, passen, voll, luftig, faltig, weich, zerstreut, dabei sein, entnehmen, hineinfinden, einbinden, erschlagen, sich bilden, auf die Schliche kommen, abwimmeln, auf den Punkt bringen, gegenüber stehen, ...

Kapitel 5 Werkzeuge zum Ressourcenaufbau

Was Sie in diesem Kapitel finden

- Stärken aus Gegenwart und Vergangenheit wahrzunehmen und zu würdigen kann der Einstieg in einen positiven Kreislauf sein.
- Körperhaltung und Gefühle beeinflussen sich wechselseitig.
- Humor ist auch im Coaching eine gute Medizin.
- Innere Vorstellungsbilder können positive Emotionen erzeugen.

Mit Ressourcen bezeichnen wir all das, was Menschen dabei hilft, sich wohl in ihrer Haut zu fühlen, schwierige Situationen erfolgreich zu meistern und ihre Ziele zu erreichen.
Weshalb ist für uns Ressourcenorientierung und Ressourcenaufbau so wichtig?
Unser Schulsystem arbeitet immer noch in hohem Maße defizitorientiert. Es wird weniger darauf fokussiert, welche Kompetenzen ein Schüler oder eine Schülerin bereits entwickelt hat, sondern mehr auf das, was noch fehler- und lückenhaft ist. So entwickeln viele Kinder schon früh Ängste, den Leistungsanforderungen, wie sie von Schule und Elternhaus erwartet werden, nicht gewachsen zu sein. Es kann ein Teufelskreis entstehen, den die Kinder aus eigener Kraft nur noch schwer durchbrechen können. Wir haben diesen Zusammenhang im Theorieteil im Kapitel 1 ausführlich dargestellt.
Viele Coachees, mit denen wir arbeiten, erleben in Bezug auf ihr schulisches Lernen zum ersten Mal eine auf ihre Stärken ausgerichtete Sichtweise.Gelingt es ihnen, im Coaching dadurch den angesprochenen Teufelskreis zu durchbrechen, kann sich ein neuer, positiver Kreislauf entwickeln und so die Lernbiographie des Coachees entscheidend verändern.

5.1 Stärken Sammeln

Wenn sich aus der Zielearbeit oder der Diagnostik Hinweise auf mangelndes Selbstvertrauen ergeben haben, starten wir mit der Frage: „ Was kannst du denn schon alles gut?"

Da Transparenz ein wichtiger Punkt unserer Coaching-Haltung ist (siehe Kapitel 2), erklären wir dann den Sinn dieser Frage für den Coaching-Prozess: „Wenn du etwas gut kannst, können wir uns gemeinsam anschauen, was du genau tust, damit es gut wird. In einem zweiten Schritt können wir dann prüfen, ob du das auch für dein Ziel einsetzen kannst."

In dieser Erklärung stecken gleich mehrere Botschaften:

1. Du kannst erfolgreich sein.
2. Deine negativen Erfahrungen haben nichts mit dir als Person zu tun, sondern sind oft nur das Resultat unzureichender Strategien und/oder Verhaltensweisen.
3. Im Coaching behalten wir immer das Ziel im Blick.

Wenn die Coachees dann aufzählen, was sie nach ihrer Einschätzung „schon gut" können, notieren wir dies in Stichworten. Coachees mit einem gering ausgeprägten Selbstbewusstsein fällt häufig nur wenig ein, dann geben wir Hilfestellung.

Beipiele:

„Es muss gar nicht unbedingt etwas mit dem Thema Lernen zu tun haben. Vielleicht hast du ja Hobbys oder andere Fähigkeiten, die du gut kannst."

„ Was würden denn deine Großeltern oder deine Freunde auf diese Frage antworten?"

Bei Grundschulkindern, die in Begleitung eines Elternteiles zum Coaching in unsere Praxis kommen, kann man diese mit einbinden und sie bitten, beim Sammeln der Stärken zu helfen. Oder man fragt nach Sozialkompetenzen z.B. anderen helfen, gut zuhören können, Streit schlichten etc..
Vielen Kindern ist gar nicht klar, wie wertvoll solche Kompetenzen für ihre Umwelt sind.

Wenn die Sammlung abgeschlossen ist, schreiben die Coachees ihre Stärken auf einzelne Karten. Diese werden dann in einem Abstand von ca. 30 cm auf dem Fußboden ausgelegt. Eine weitere Karte mit dem vorher formulierten Zielsatz schließt die Reihe ab. Wir fordern die Coachees auf, neben die erste Karte zu treten und sich an eine Situation zu erinnern, in der sie sich dieser Stärke besonders bewusst waren. Wir führen sie dann unter Ansprache ihrer Sinneskanäle durch diesen Erinnerungsprozess.

„Gehe noch einmal mit all Deiner Erinnerung in die Situation hinein, wo Du „XXX“ gut konntest. Was siehst und hörst Du da? Vielleicht stehst Du ganz aufrecht, weil Du so stolz auf Dich bist, oder Du hörst, wie jemand anderes Dich lobt. Und erlebe noch einmal das schöne Gefühl, das Du damals hattest. Möglicherweise spürst Du dieses Gefühl besonders an einer bestimmten Stelle in Deinem Körper, vielleicht im Bauch, in der Brust oder im Kopf. Dann spüre noch einmal genau hin und genieße es.“

Wenn wir wahrzunehmen glauben, dass die Coachees an dieser Stelle genügend „aufgetankt“ haben, lassen wir sie in ihrem Tempo die weiteren Stärkekarten abgehen und begleiten sie dabei mit unterstützenden Worten.

Am Schluss bitten wir sie dann, sich neben ihren Zielsatz zu stellen und sich all ihrer Stärken noch einmal bewusst zu werden. Wir sind immer wieder begeistert und auch angerührt, wie viele Coachees nach dem Durchlaufen dieses Prozesses ein Leuchten in den Augen haben und eine völlig veränderte Körpersprache zeigen (siehe auch den Punkt 5.3: Embodiment).

Die gesammelten Stärken lassen sich in der Folge auch dazu nutzen, die damit verbundenen positiven Gefühle zu einem späteren Zeitpunkt wieder aktivieren zu können. Wir regen daher an, dass die Coachees zuhause ein Bild in Form einer Sonne malen. In den Sonnenkörper können sie z.B. als Motto: „Alle meine Stärken“ schreiben, die einzelnen Sonnenstrahlen werden durch die gesammelten Stärken gebildet. Kommt aus Sicht der Coachees eine neue Stärke hinzu, kann die Sonne um einen neuen Strahl erweitert werden.

Die Stärkensonne

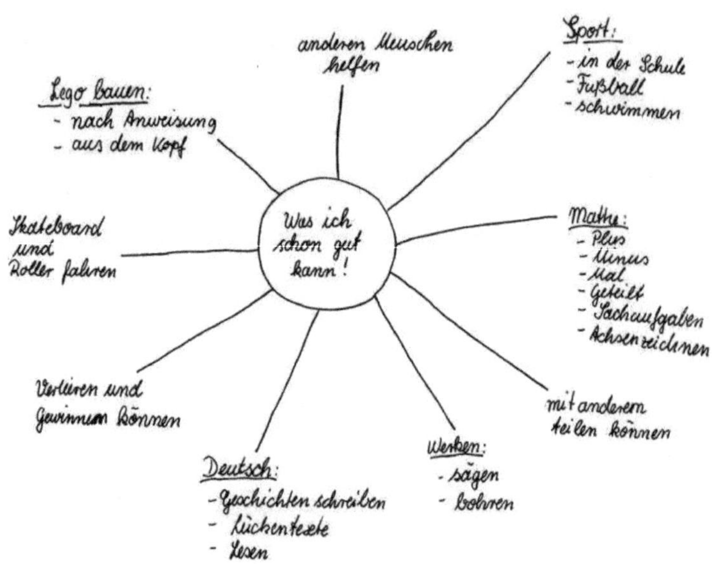

5.2 Schatzsuche auf der Time-Line

Dieses Werkzeug stammt aus dem Neurolinguistischen Programmieren (NLP). Das Time-Line Modell geht davon aus, dass alle unsere Erinnerungen und Erfahrungen auf einer inneren imaginären Zeitlinie gespeichert sind. Diese Zeitlinie lässt uns wissen, was Vergangenheit, was Gegenwart und was Zukunft ist (vgl. James/Woodsmall, 2002).
Im vorliegenden Fall nutzen wir diese imaginäre Zeitlinie, um den Coachees zu ermöglichen, positive Erfahrungen aus der Vergangenheit wieder erleben zu können und sie damit als Ressourcen zur Zielerreichung nutzbar zu machen. Dazu passt die neurobiologische Erkenntnis, dass unsere Erinnerungen und Erfahrungen an Gefühle gekoppelt sind. Unser Ziel ist es also, mit diesem Werkzeug das emotionale Erfahrungsgedächtnis (siehe Kapitel 1) zu aktivieren.

Wir wollen die Arbeit mit der Time-Line nun anhand eines Fallbeispiels erläutern. Das Kürzel RA im Beispiel steht für unser Weiterbildungs-institut, die RessourcenAkademie. Das dargestellte Coaching-Gespräch wurde von einem der beiden Autoren durchgeführt.

Fallbeispiel: Hendrik (Name geändert), 13 Jahre, 7. Klasse Gymnasium

Sein Zielsatz: Nach den Osterferien gehe ich mit Spaß in die Schule.

RA: „Die folgende Übung dient dazu, Ressourcen (der Begriff wurde schon eingeführt), über die du verfügst und die für deine Zielereichung wichtig sind, zu aktivieren. Wir wollen dazu Erfahrungen aus deiner Vergangenheit nutzen. Lege dazu bitte die drei Karten Vergangenheit, Gegenwart und Zukunft auf einer gedachten Zeitlinie auf dem Fußboden aus. Lasse dabei genügend Platz zwischen Vergangenheit und Gegenwart. Positioniere jetzt die Karte mit deinem Zielsatz an die Stelle zwischen Gegenwart und Zukunft, die du für passend hältst. Außerhalb deiner Zeitlinie liegt noch eine Karte mit der so genannten Meta-Position, von der aus du deine Zeitlinie von außen betrachten kannst. Stelle dich jetzt bitte auf diese Position und überprüfe, ob du mit deiner Zeitlinie und der Zielpositionierung zufrieden bist."

Hendrik: „Ja, so ist es gut."

RA: „Begebe dich bitte auf den Gegenwartspunkt und schaue auf dein Ziel. Welche Ressourcen wären aus heutiger Sicht wichtig für dich, um dein Ziel zu erreichen?"
Hendrik (nach längerer Überlegung): „Wenn ich gute Laune hätte und mich wohl fühlen würde. Und wenn ich selber gute Ideen hätte, wie ich mein Ziel erreichen kann."

RA: „Habe ich das richtig verstanden? Du möchtest deine Kreativität nutzen?"

Hendrik: „Ja."

RA: „ Mit welchem Gefühl wäre es verbunden, wenn dir das gelingen würde?"

Hendrik: „ Dann wäre ich stolz auf mich."

RA: „OK, wenn ich richtig aufgepasst habe, benötigst du aus heutiger Sicht die Ressourcen „Gute Laune", „Wohlfühlen" und „Kreativität".

Betrachtest du Stolz als eine zusätzliche Ressource, die du benötigst, oder siehst du das Gefühl von Stolz eher als Resultat, wenn es dir gelingt, die anderen Ressourcen erfolgreich zu nutzen?“

Hendrik: „Es wäre schon gut, Stolz als Ressource dabei zu haben.“

RA: „ Spüre noch einmal nach, ob im Moment noch etwas fehlt.“

Hendrik (nach kurzem Nachspüren): „ Nein, das reicht.“

RA: „Gut, ich möchte dich jetzt bitten, einen Schritt zurück in deine Vergangenheit zu tun. Du bist jetzt etwas jünger. Gehe zu einer Situation, in der du gute Laune hattest und dich wohl gefühlt hast, wo du kreativ und stolz auf dich warst.“

- Zeit geben für Suchvorgang –

Anmerkung: *Wenn keine Situation gefunden wird, in der alle Ressourcen gleichzeitig vorhanden waren, dem Coachee die Möglichkeit geben, Ressourcen wegzulassen und danach separat zu suchen.*

Hendrik: „ Ich habe etwas. Es ist noch gar nicht lange her. Ich musste ein Referat halten, was mir gut gelungen ist.“

RA: „Dann tue bitte einmal so, als ob du dich gerade jetzt in dieser Situation befindest. Du stehst im Klassenzimmer und hältst dein Referat. Lass das Bild dazu vor deinem inneren Auge erscheinen, höre vielleicht die Geräusche aus der Klasse und spüre, wie gut es dir gelingt. Du hast gute Laune, fühlst dich wohl, deine Kreativität steht dir zur Verfügung und du bist stolz. Wo in deinem Körper spürst du das damit verbundene positive Gefühl am stärksten?“

Hendrik: „Mir ist ganz warm in der Brust.“

RA: „Wenn du magst, lege dein Hand auf die Stelle, an der du das Gefühl am stärksten spüren kannst. Diese Stelle wirkt dann wie ein Anker. Indem du sie berührst, kannst du dir später die damit verbundenen Ressourcen aktivieren.“

Anmerkung: *Zeit lassen.*

RA: „Ich bitte dich jetzt, dieser Situation noch einen Namen zu geben, diesen auf eine Karte zu schreiben und sie auf deiner Zeitlinie abzulegen.“

Hendrik: „ Ich nenne sie Deutschreferat.“

RA: „ Dann gehe bitte einen weiteren Schritt zurück in deine Vergangenheit und suche nach einer weiteren Situation, in der dir deine gewünschten Ressourcen zur Verfügung standen.“

Anmerkung: *Wir kürzen die Methodenbeschreibung hier etwas ab. Hendrik fand fünf weitere Situationen auf seiner Time-Line.*

RA: „Du hast erfolgreich Schätze mit für dich zur Zielerreichung wichtigen Ressourcen auf deiner Zeitlinie gefunden. Gehe jetzt bitte in deinem Tempo wieder bis zur Gegenwart und sammle dabei deine Schätze ein.

Anmerkung: *Hendrik steht mit seinen Schätzen jetzt wieder auf dem Gegenwartspunkt.*

RA: „ Wie fühlt es sich an, heute hier mit all deinen benötigten Ressourcen zu stehen und dein Ziel vor Augen zu haben?“

Hendrik (strahlt): „Super!“

RA: „ Dann genieße noch einmal für einen Moment das Gefühl. Hebe danach die Karten wieder vom Fußboden auf. Wenn Du damit fertig bist, ist der Fußboden wieder nur Fußboden“.

Wie Sie sicherlich bemerkt haben, gibt es viele Ähnlichkeiten zwischen den beiden bisher beschriebenen Werkzeugen zum Ressourcenaufbau.

Die „Schatzsuche auf der Time-Line“ richtet sich bei der Ressourcensuche schon zu Beginn auf das angestrebte Ziel hin aus. Es setzt allerdings größere intellektuelle Fähigkeiten voraus, sodass wir es hauptsächlich bei Jugendlichen und Erwachsenen einsetzen.

„Stärken Sammeln“ ist ein offeneres „Werkzeug“ und aus unserer Erfahrung vor allem für kleinere Kinder und solche mit einem geringen Selbstbewusstsein geeignet.

5.3 Embodiment

In der Naturheilkunde gilt schon lange der Satz, dass Körper, Geist und Seele sich wechselseitig beeinflussen. Neuere Forschungen, vor allem aus den Bereichen Psychologie und Neurowissenschaften, bestätigen diese Einschätzung.

Schon 1982 untersuchten die Psychologen John Riskind und Carolyn Gotay den Zusammenhang zwischen Körperhaltung und Emotionen. In einem Experiment ließen sie eine Gruppe über einen bestimmten Zeitraum eine gekrümmte Haltung einnehmen, eine andere Gruppe nahm über den gleichen Zeitraum eine aufrechte Haltung ein. Beide Gruppen wussten nicht, was eigentlich untersucht werden sollte. Sie gingen davon aus, an einer Untersuchung über räumliches Denken teilzunehmen. In einem weiteren Test unmittelbar danach, bekamen sie unlösbare geometrische Puzzles vorgelegt. Im Ergebnis hielten die Teilnehmer der Gruppe, die die vorherige Aufgabe in aufrechter Haltung erlebt hatten, die neue frustrierende Aufgabe signifikant länger durch. Riskind und Gotay schlossen daraus, dass die gekrümmte Körperhaltung im psychischen System der Versuchsteilnehmer zu einer Prädisposition geführt hatte, in schwierigen Situationen schneller den Mut zu verlieren und aufzugeben. In einer Reihe weiterer Untersuchungen zum Body-feedback konnte bestätigt werden, dass durch Körperhaltungen auch Emotionen erzeugt werden. Embodiment lässt sich gezielt einsetzen, um eine unerwünschte psychische Verfassung loszuwerden bzw. um eine gewünschte psychische Verfassung zu erzeugen. Embodiment ist daher auch ein wichtiger Aspekt im Selbstmanagement-Training mit dem Zürcher Ressourcen Modell® (vgl. Storch, Maja: Embodiment).

Als Einführung in das Thema nutzen wir häufig ein Peanuts-Cartoon von Charles M. Schulz. Darin beschreibt Charlie Brown, der ewige Verlierer, auf sehr anschauliche Weise, dass man nur dann etwas von seiner Depression „haben kann", wenn man die entsprechende Körperhaltung mit hängendem Kopf und hängenden Schultern einnimmt.

Die meisten Coachees kommen nach dem Lesen des Cartoons von selbst auf die Idee, diese Haltung einmal auszuprobieren und spüren die Wirkung am eigenen Körper. Wir fordern Sie dann auf, eine aufrechte Körperhaltung mit einer aufrechten Kopfhaltung einzunehmen und dabei zu versuchen, traurig zu sein. Die Coachees merken unmittelbar, wie schwierig das ist. Durch dieses direkte Erleben wird sofort deutlich, wie Körperlichkeit und Gefühlswelt sich gegenseitig beeinflussen, und zwar in beide Richtungen: Meine Gefühlslage hat Einfluss auf meine Körperhaltung, ich kann durch meine Körperhaltung aber auch meine Gefühlslage beeinflussen.

Gemeinsam entwickeln wir dann eine Körperhaltung, die zum angestrebten Ziel passt:

RA: „Tue einmal so, als ob du dein Ziel schon erreicht hättest.

- Welche Körperhaltung nimmst du jetzt ein?
- Sind die Beine durchgedrückt und starr oder stehst du leicht in den Knien gebeugt?
- Was macht dein Oberkörper? Ist er eher aufgerichtet? Zeigst du stolz eine Medaille, die auf deiner Brust hängt?
- Hängen die Arme locker herunter oder sind sie vor dem Körper verschränkt?
- Sind die Schulter- und Nackenmuskeln angespannt oder locker?

- Ist dein Kopf aufgerichtet oder zur Seite geneigt?
- Wie geht deine Atmung? Fließt der Atem wie von selber, oder setzt du ihn gezielt ein?

Finde eine Körperhaltung, die genau zu dir und deinem Ziel passt. Genieße das Gefühl, in dieser Haltung dein Ziel erreicht zu haben. Speichere sie in deinem (Körper)-Gedächtnis, so dass du sie jederzeit aktivieren kannst, wenn du möchtest."

5.4 Humor

Das im letzten Abschnitt beschriebene Peanuts-Cartoon hat schon deutlich gemacht, wie unmittelbar die Coachees auf Humor reagieren und in eine andere Physiologie (inneren Zustand) kommen. Wir versuchen diesen Umstand bei unserer Arbeit so häufig wie möglich zu nutzen.

Dazu überzeichnen wir Beispiele, erzählen Geschichten und arbeiten mit Metaphern, die wir zum Sichtbarmachen von defizitären Strategien und Mustern einsetzen, aber eben auch, um Ressourcen zu aktivieren und Mut zu machen.

Ein schönes Beispiel, das die meisten kennen, ist die vom Hasen und dem Igel, wo der eine sich bis zum Tode abstrampelt und trotzdem nicht zum Erfolg kommt, während der andere ohne erkennbare Anstrengung erfolgreich mit einer klugen Strategie ist.

Kinder, denen es gut geht, lachen gerne und viel. Manche Kinder, die zu uns kommen, machen dagegen einen sehr ernsten Eindruck, als wenn ein großer Druck auf ihnen lasten würde. Dort setzen wir Lachyoga Übungen ein. Hier ist es wie mit der oben beschriebenen Körperhaltung.

Wir nutzen die wechselseitigen Beziehungen zwischen dem körperlichen Tun (dem Lachen) und der psychischen Befindlichkeit. Coachees erleben beim gemeinsamen Lachen eine besondere Form sozialer Resonanz, die das Motivationssystem im Gehirn aktiviert (vgl. Bauer, 2007).

Viele Coachees haben schon den Glaubenssatz verinnerlicht, alles perfekt machen zu müssen. Da dieser Anspruch nicht einlösbar ist, sind sie traurig. Die folgende Lachyoga-Übung vermittelt die Botschaft, Fehler nicht grundsätzlich negativ zu sehen. Dies ist verbunden mit dem positiven Gefühl, den das gemeinsame Lachen erzeugt. Damit kann es zu einer neuen ressourcevolleren internen Bewertung der Fehlerkultur beim Coachee kommen.
Lachyoga: Ich darf Fehler machen -Übung

- Bequem Hinstellen

- Mit beiden Händen an den Bauch fassen und Ho, Ho, Ho Ha, Ha, Ha sprechen.
- Beide Hände in die Luft strecken und sagen: Ich darf Fehler machen.
- Beide Hände an die Stirn legen und sagen: Fehler sind wichtige Botschaften.
- Fäuste ballen, Arme nach vorne schwingen und sagen: Ich lerne aus meinen Fehlern.
- Brust und Hände öffnen, Arme weit ausbreiten und Fehler auslachen Ho. Ho, Ho Ha, Ha, Ha.

5.5 Fantasiereisen

Fantasiereisen werden häufig zur Entspannung eingesetzt.
Wir nutzen zusätzlich gelenkte Fantasiereisen mit Botschaften, die die Ressourcen der Coachees aktivieren und stärken sollen.
Bei einer Fantasiereise lesen wir den Coachees eine fiktive Geschichte vor, die ihre Sinne anregen, sie in einen positiven inneren Zustand versetzen und wie in unserem Beispiel, ihnen eine stärkende Botschaft anbieten soll. Wir erklären zu Beginn den Ablauf der Fantasiereise und betonen den freiwilligen Charakter. Der Coachee entscheidet zu jedem Zeitpunkt selbst, ob und wieweit er sich darauf einlassen will.
Hier ein Beispiel für eine Fantasiereise, die Mut machen soll:

„Ich möchte dich einladen, es dir bequem zu machen und deine Augen zu schließen.
Atme ruhig und regelmäßig ein und aus.... ein und aus.....
Beobachte deinen Atem, wie er kommt und geht, wie er langsam in dich hinein und dann wieder hinausströmt und sei ganz entspannt. Du selbst entscheidest, was dir gut tut.
Und wenn du willst, stelle dir nun dein Lieblingstier vor.
Nehme wahr, wie es auf dich zukommt, ganz dicht an dich heran und sich direkt neben dich setzt.
Jetzt schaut es dich mit seinen schönen Augen an und spricht zu dir.
Vielleicht hat es eine Botschaft für dich, die nur du verstehen kannst.
Und es ist gut möglich, dass diese Botschaft dir Mut macht.
Merke dir genau, was es dir sagt........(lange Pause)

Jetzt blickt dich dein Lieblingstier noch einmal gütig und liebevoll an und bewegt sich dann langsam davon.....

Wenn du magst, kannst du dich immer noch an die Botschaft erinnern.
Und nun kannst du wieder etwas tiefer ein- und ausatmen....
Lasse nun langsam deine inneren Bilder wieder los und atme ruhig weiter.
Wenn es für dich angenehm ist, bewege dich langsam, gähne und recke und strecke dich und komme wieder hier im Raum an und öffne die Augen.
Du kannst dich an alles erinnern.

5.6 Yoga-Übungen

Positive Affirmationen in Verbindung mit einfachen Yoga-Übungen sind vor allem bei Grundschülern sehr beliebt. Sie machen gute Laune und kommen dem natürlichen Bewegungsdrang der Kinder entgegen. Sie haben außerdem den Vorteil, leicht erlernbar zu sein und sind unabhängig von Ort und Zeit flexibel einsetzbar. Je nach Affirmation können sie beispielsweise das Selbstvertrauen oder die Konzentrationsfähigkeit stärken, Mut machen oder Wut abbauen.

Das folgende Beispiel verknüpft das Lernen mit den Begriffen Spaß und Mut und kann daher hilfreich sein, wenn bei einem Coachee das Wort Lernen gerade mit negativen Emotionen belegt ist.

Mit Spaß und Mut da lern ich gut.

Übung 1:

- Aufrecht Stehen
- Die Handinnenflächen vor der Brust gegeneinander legen
- An eine schöne Erfahrung denken
- Aussage: **Mit Spaß**

Übung 2:

- Die Beine leicht gegrätscht
- Die Arme seitlich nach oben strecken
- Sich eine Medaille auf der Brust vorstellen
- Aussage: **und Mut**

Übung 3:

- Ein Bein anwinkeln, den Fuß an die Innenseite des anderen Beines stellen
- Die Arme über den Kopf heben
- Die Handinnenflächen über dem Kopf gegeneinander legen
- Aussage: **da lern**

Übung 4:

- Einen Fuß nach vorne stellen
- Ein Bein nach hinten spreizen
- Die Arme nach oben strecken und lächeln
- Aussage: **ich gut!**

Beispiel: Mit Spaß und Mut da lern ich gut.

Kapitel 6 Werkzeuge zum Auflösen von Blockaden

Was Sie in diesem Kapitel finden

- Ohne Angst und Stress lernt es sich deutlich besser.
- Es ist möglich und sinnvoll, negative in positive Selbstzuschreibungen umzuwandeln.
- Im Gehirn und im Körper gespeicherter Stress lässt sich wegklopfen.
- Bei großer Angst kann Dissoziation helfen.

„Zuhause weiß ich noch alles und in der Klassenarbeit habe ich einen richtigen Blackout.“

„Mathe konnte ich noch nie.“

Dies sind zwei typische Beispiele für Blockaden, die erfolgreiches Lernen verhindern können. Im ersten Fall kann eine unangemessene Stressreaktion die Ursache sein, im zweiten Fall löst möglicherweise ein einschränkender Glaubenssatz die Lernblockade aus.

Beide Fälle wollen wir im Folgenden näher beleuchten und die von uns bevorzugt genutzten Werkzeuge zu ihrer Bearbeitung vorstellen.

6.1 „Entstressen" der Stressreaktion

Bei der Stressreaktion handelt es sich physiologisch um ein lebenswichtiges Notfallprogramm. Wenn wir in eine unmittelbare Gefahr geraten, kann eine schnelle Reaktion entscheidend für unser Überleben sein. Der Körper schüttet in einer solchen Situation blitzschnell verschiedene Botenstoffe, insbesondere Adrenalin aus. Das bringt unseren Körper und dabei vor allem unsere Skelettmuskeln in Hochspannung, damit wir uns entweder gut gegen die Gefahr verteidigen bzw. ihr schnell ausweichen können. Ganz grob betrachtet kann man sagen, dass einer unserer evolutionsgeschichtlich älteren Gehirnteile, die Amygdala, die Kontrolle über unsere Aktionen übernimmt, während der Teil, der hauptsächlich für unsere Denkprozesse zuständig ist, kurzfristig die Kontrolle abgibt. Dies ist wie schon oben beschrieben bei Lebensgefahr äußerst sinnvoll, da eine schnelle Reaktion und nicht langes Nachdenken erforderlich ist. Geschieht dieser Vorgang jedoch während einer Klassenarbeit, kann man sich die Auswirkungen leicht ausmalen.
Wir möchten jetzt wieder an einem Beispiel schildern, wie wir eine solche Blockade aufdecken und bearbeiten. Das Kürzel RA im Beispiel steht wieder für unser Weiterbildungsinstitut, die RessourcenAkademie. Das dargestellte Coaching-Gespräch wurde von einem der beiden Autoren durchgeführt.

Fallbeispiel: Philipp (Name geändert), 12 Jahre alt, 6.Klasse Gymnasium

Zielsatz: Ich bin konzentriert und gleichzeitig entspannt wie ein guter Bogenschütze.

Philipp ist eigentlich ein guter Schüler, sehr intelligent, motiviert und ehrgeizig. Gerade in aus seiner Sicht wichtigen Klassenarbeiten versagt er jedoch und leidet sehr darunter.

RA: „Philipp, du hast gerade geschildert, wie es dir in der letzten Mathearbeit ergangen ist. Zuhause hast du den Lernstoff noch beherrscht, während der Klassenarbeit warst du aber wie blockiert. Habe ich das so richtig verstanden?"

Philipp: „Ja, das war so."

RA: „Um herauszufinden, wo wir ansetzen müssen, um so etwas in Zukunft zu verhindern, möchte ich dich bitten, zunächst deine Gedanken und Gefühle zu beschreiben, mit denen du Zuhause für die Klassenarbeit lernst."

Philipp: „Ich weiß ja aus dem Unterricht und von den Hausaufgaben vorher, dass ich alles verstanden habe. Wenn ich dann für die Klassenarbeit lerne, habe ich ein gutes Gefühl und fühle mich sicher."

RA: „Du sitzt da also mit einem guten und sicheren Gefühl? (Philipp nickt) Wie sieht es denn mit deiner Anspannung aus? Wo würdest du dich da auf einer Skala von 1 bis 10 einordnen, wobei 1 total entspannt und locker und 10 super angespannt bedeutet?"

Philipp: „ Ich bin schon konzentriert und etwas angespannt. Ich würde sagen, ich bin dann so bei 6."

RA: „Und mit diesem guten und sicheren Gefühl und der Anspannung von 6 auf der Skala beherrscht du dann den Lernstoff?"

Philipp: „Ganz genau."

RA: „Dann schildere doch bitte jetzt einmal deine Gedanken und Gefühle in der Schule, kurz vor deiner letzten Mathearbeit."

Philipp: „Ich wusste natürlich, wie wichtig diese Arbeit fürs Zeugnis war, weil wir ja nicht so viele schreiben. Außerdem wollte ich auch unbedingt eine gute Note bekommen. Dann konnte ich es gar nicht abwarten bis die Arbeit anfing, und als ich sie vor mir hatte, wollte ich bloß noch schnell fertig werden."

RA: „Wie ging es dir körperlich? War dir eher warm oder kalt?"

Philipp: „Mir war total warm und meine Beine waren ganz kribbelig."

RA: „Ich möchte auch in dieser Situation wieder deine Einschätzung zur Anspannung auf der Skala von 1 bis 10 abfragen? Was sagst du?

Philipp: „Die lag mindestens bei 9."

RA: „Gut, du hast jetzt wesentliche Unterschiede zwischen der Situation, in der du den Lernstoff beherrscht hast und der Blockadesituation beschrieben. Das gibt mir eine Idee davon, was zu dieser Blockade geführt haben kann. Ich will dies anhand einer kleinen Geschichte verdeutlichen:

In der Frühzeit der Menschheitsgeschichte waren die Menschen in der Natur großen Gefahren ausgesetzt. Sie waren für gefährliche Wildtiere wie den Säbelzahntiger sowohl Rivalen bei der Jagd als auch Beute. Wenn also ein Mensch alleine einem Säbelzahntiger begegnete, war es lebenswichtig, blitzschnell auf die Bedrohung zu reagieren. Dabei hatte er je nach Einschätzung der Situation die Wahl zwischen Angriff, Flucht oder sich tot zu stellen. Damit er blitzschnell entscheiden konnte, passierte in seinem Gehirn Folgendes: Die Amygdala, ein entwicklungsgeschichtlich sehr alter Gehirnteil, gab das Signal bestimmte Hormone auszuschütten. Dadurch gelangte der Sauerstoff in unserem Körper jetzt fast vollständig an die Stellen, die für Angriff bzw. Flucht am wichtigsten waren. Das Herz schlug schneller, die Lungen wurden gut versorgt und die Muskeln von Armen und Beinen waren in Startposition. Alles andere, und damit auch der Gehirnteil direkt hinter unserer Stirn, der frontale Cortex, der für unser Denken am wichtigsten ist, wurden weniger versorgt. Das war ja auch sinnvoll, weil langes Nachdenken bei Lebensgefahr natürlich nicht angebracht ist.
Diese Reaktion haben wir von unseren Vorfahren übernommen und in Notfällen ist sie ja auch überlebenswichtig. Manchmal wird sie jedoch in Gang gesetzt, wenn wir es eigentlich überhaupt nicht gebrauchen können.

So wie du die Situation beschrieben hast, könnte dir das in deiner letzten Mathearbeit passiert sein. Der Körper war in Hochspannung, was sich in Wärme und Kribbeln zeigte. Denken war dagegen für dich nur noch eingeschränkt möglich. Und damit lässt sich natürlich keine gute Arbeit schreiben."

Philipp: „Ja, das ist klar. Das kann nicht funktionieren."

RA: „Es stellt sich jetzt natürlich die Frage, was dein Gehirn zu dieser eigentlich für Lebensgefahr konzipierten Reaktion veranlasst hat und wie du solche Reaktionen in der Zukunft verhindern kannst. Meine Vermutung zur ersten Frage ist, dass du dem Ergebnis dieser Klassenarbeit in deinen Gedanken eine ganz hohe Bewertung gegeben hast. Vielleicht hast du dir innerlich gesagt: Wenn ich das vermassele, kann ich es in diesem Jahr nicht wieder korrigieren oder etwas noch Schlimmeres. Damit war es für dich dann eine echte Bedrohung. Was sagst du zu dieser Vermutung?"

Philipp: „Die Vermutung stimmt. Ich hatte schon Angst davor."

RA: „Wie geht es dir jetzt mit dem Wissen über die mögliche Ursache?"

Philipp: „Das ist schon eine große Erleichterung. Ich wusste ja gar nicht, was da eigentlich passiert ist und war dadurch ziemlich verunsichert. Jetzt kann ich es mir erklären und nach einer Lösung suchen."

RA: „Gut, dann fasse ich noch einmal zusammen. Eine zu hohe Erwartungshaltung kann zu hoher Anspannung und Angst führen und damit eine unkontrollierbare Stressreaktion auslösen. Ich hatte gerade schon die Frage nach Lösungsmöglichkeiten aufgeworfen.
Dazu schlage ich folgende Vorgehensweise vor:

1. Wir beleuchten, ob es dir möglich ist, deine Erwartungshaltung auf einen Level zu bringen, bei der ein Scheitern nicht mehr als ernste Bedrohung angesehen wird.
2. Für den Fall, dass dies einmal nicht gelingt, brauchen wir noch ein Frühwarnsystem. Woran würdest du konkret erkennen, dass dein Gehirn dabei ist, das Notfallprogramm zu starten?
3. Und wir benötigen natürlich noch Maßnahmen, mit denen du dann dieses Notfallprogramm stoppen kannst.

Fangen wir mit deiner Erwartungshaltung an. Ich übertreibe einmal etwas. Wie kann es dir bildlich gesehen gelingen, die Begriffe „wichtige Klassenarbeit" und „Lebensgefahr" voneinander zu trennen?"

Philipp (lacht): „Ich weiß, was Sie meinen. Es stimmt natürlich, dass mein Leben durch eine schlechte Klassenarbeit nicht bedroht ist. Ich sehe da jetzt immer einen Säbelzahntiger vor mir. Wenn ich den in einen schlauen Fuchs verwandeln würde, vor dem ich keine Angst haben müsste und der mir vielleicht sogar noch gute Ideen zuflüstern könnte, dann wäre alles gut."

RA: „Ein sehr schönes Bild. Bleib doch einmal dabei. Vielleicht kannst du das Bild vom Tiger dazu schrumpfen lassen und seine Form und die Farbe so verändern bis daraus ein schlauer Fuchs geworden ist. Du könntest die gewünschte Verwandlung auch malen oder eine Collage dazu erstellen. Vielleicht hast du auch noch andere Ideen?"

Philipp: „Ich habe ein Programm auf dem Computer, damit kann ich mir bestimmt etwas basteln."

RA: „Spür bitte einmal nach, ob diese Maßnahme für dich im Moment ausreichend erscheint, um dich in deiner nächsten wichtigen Klassenarbeit nicht wieder in eine gefühlte gefährliche Lage zu bringen."

Philipp: „Ich glaube, dass mir das schon helfen wird."

RA: „Dann kommen wir jetzt zum Frühwarnsystem. Falls, aus welchem Grund auch immer, das Notfallprogramm doch einmal ungewollt startet, was wäre für dich das erste Anzeichen dafür?"

Philipp: „Wenn ich vorher total aufgeregt bin und gar nicht abwarten kann, bis es endlich losgeht."

RA: „Manchmal freut man sich ja auf etwas ganz doll, ist aufgeregt und kann nicht abwarten bis es anfängt. Würde sich das genau so anfühlen, wie dass, was du gerade beschrieben hast?"

Philipp: „Nein, das kenne ich auch, aber es fühlt sich ganz anders an."

RA: „OK, du hast also jetzt ein Frühwarnsystem. Was könntest du denn konkret machen, um in einer solchen Situation das Notfallprogramm zu stoppen?"

Philipp: „Erst einmal tief durchatmen, damit mein Gehirn wieder genug Sauerstoff bekommt. Dann könnte ich mir noch sagen: Stopp! Keine Lebensgefahr."

RA: „Abschließend möchte ich dich noch bitten, die drei jetzt entwickelten Maßnahmen aufzuschreiben, damit du sie mit nach Hause nehmen kannst. Überprüfe bitte auch noch einmal sowohl mit deinem Verstand als auch mit deinem Gefühl, ob dieses Maßnahmenpaket ausreichend ist oder ob du noch etwas zusätzlich benötigst.

Philipp (denkt und spürt nach): „Nein, ich habe jetzt alles."

6.2 Arbeiten mit dem Inneren Team

Die meisten Menschen kennen Situationen, in denen sich zu einem Vorhaben unterschiedliche innere Stimmen melden. Die eine Stimme möchte sich einen schönen Abend auf dem Sofa machen, eine andere will endlich die Wäsche bügeln und eine dritte schlägt einen Kompromiss vor oder hat noch ganz andere Ideen.

In der Familientherapie spricht man da von unterschiedlichen Persönlichkeitsanteilen, Friedemann Schulz von Thun hat dazu das Modell des Inneren Teams entwickelt. Wir nutzen im Lerncoaching dieses Modell zur Bearbeitung von einschränkenden Glaubenssätzen. Darunter verstehen wir Selbstannahmen, die wir uns aufgrund von negativen Zuschreibungen von für uns wichtigen Menschen (z.B. Eltern oder Lehrern) oder aufgrund von negativen Erfahrungen zu Eigen gemacht haben.

Beispiele:

- Ein Kind hört zuhause immer wieder von den Eltern, es könne viel mehr erreichen, wenn es sich nur anstrenge. Daraus entwickelt es die Selbstannahme: „Ich bin faul".
- Ein anderes Kind entwickelt in der Grundschule eine fehleranfällige Strategie für das Arbeiten mit dem Zehnerübergang und bekommt

ständig schlechte Noten. Daraus entstehen Glaubenssätze wie: „Mathe ist doof“ oder „Mathe konnte ich noch nie“.

Häufig entdecken wir solche einschränkenden Glaubenssätze auf der Werte- bzw. Identitätsebene, wenn wir zur Diagnostik mit den logischen Ebenen arbeiten (siehe auch Kapitel 4). Diese nehmen wir dann als Ausgangslage für die Arbeit mit dem Inneren Team.

Vorüberlegungen:
Bevor wir die Vorgehensweise wieder anhand eines Beispiels veranschaulichen, hier zunächst noch einige theoretische Gedanken zum Einsatz dieses „Werkzeugs“.
Ein einschränkender Glaubenssatz kann wie eine sich selbst erfüllende Prophezeiung wirken und damit den Weg zum Ziel blockieren. Wir weisen in unserem Modell diesen Satz einem einzelnen Mitglied des Inneren Teams zu und geben diesem Teammitglied einen Namen z.B. der Kritiker. Dann identifizieren wir weitere Stimmen und geben auch diesen Namen. Wir berufen für dieses Team eine Konferenz ein. In dieser Konferenz steht das gesetzte Ziel des Coachee im Mittelpunkt. Die Frage lautet: Was kann das Team zur Zielerreichung beitragen?
Als Prämisse legen wir fest, dass alle Teammitglieder im Grunde etwas Positives für die Gesamtperson erreichen wollen. Nachdem wir die positiven Absichten aller Teammitglieder herausgearbeitet haben, startet die Konferenz. Wie geht es den anderen Teammitgliedern mit den Aussagen ihrer Kollegen. Werden diese als hilfreich zur Zielerreichung angesehen? Wenn nein, was wünschen sie sich voneinander? Die Konferenz endet erst, wenn alle Teammitglieder an einem Strang ziehen und sich im Team wohl fühlen.

Die Aussagen im Fallbeispiel wurden von uns teilweise gekürzt und auf ihren wesentlichen Inhalt komprimiert. Im Ablauf ist es wichtig, dem Coachee genügend Zeit für Denkprozesse zu lassen.

Fallbeispiel: Svenja (Name geändert), 15 Jahre, 10.Klasse Gymnasium
Zielsatz: Nach den Herbstferien stehe ich morgens mit Freude auf und gehe gerne in die Schule.

RA: „Svenja, als wir beide beim letzten Mal mit den logischen Ebenen gearbeitet haben und dich auf der Identitätsebene nach deinem persönlichen Verhältnis zum Thema Lernen und Schule befragt haben, hast du unter anderem gesagt: „Schule ist Scheiße". Wenn du diesen Satz hörst und an dein Ziel denkst, was glaubst du, wie förderlich auf einer Skala von 1 bis 10 dieser Satz für die Zielerreichung ist? 1 bedeutet er ist überhaupt nicht förderlich, 10 bedeutet sehr förderlich.

Svenja: „Natürlich ist er gar nicht förderlich, also 1."

RA: „Das finde ich auch und es war auch eher eine rhetorische Frage. Da wir uns darüber einig sind, möchte ich dich jetzt zur Arbeit mit einem Werkzeug einladen, das ich die Arbeit mit dem Inneren Team nenne. Dieses Modell der Psychologie geht davon aus, dass wir aufgrund unserer Erfahrungen unterschiedliche Persönlichkeitsanteile entwickeln. Man kann auch sagen, wir hören in uns unterschiedliche Stimmen. Da gibt es vielleicht eine Stimme, die meistens sehr kritisch mit dir umgeht und z.B. sagt: „Jetzt hast du schon wieder eine 5 geschrieben. Du wirst nie besser". Oder eine andere Stimme zweifelt an deinem Erfolg: „Ich bin ganz unsicher. Kann ich das überhaupt?" Aber es gibt auch andere

Stimmen, die eher optimistisch sind. Kennst du diese verschiedenen Stimmen in dir auch?“

Svenja: „Ja, das kenne ich auch. Wenn es mir gut geht, höre ich meistens die positiven Stimmen, wenn es mir schlecht geht, fast nur die anderen.“

RA: „Was wir jetzt machen wollen ist Folgendes: Wir geben diesen unterschiedlichen Stimmen Namen, z.B. der Optimist, der Zweifler, der Selbstbewusste, der Kritische usw. und veranstalten dann eine Konferenz deines inneren Teams. Auf dieser Konferenz soll es darum gehen, wie alle deine Teammitglieder dazu beitragen können, dass du dein Ziel erreichen kannst.
Bist du bereit, dich darauf einzulassen?

Svenja: „Ja.“

RA: „Dann schauen wir uns noch einmal zusammen deine Aussagen auf der Identitätsebene vom letzten Mal an. Wie willst du die Stimme nennen, die sagte: „Schule ist Scheiße“?“

Svenja: „Das ist einer, der alles negativ sieht, dann nenne ich ihn auch den Negativen.“

RA: „Was ist mit der Aussage: „Ich verkaufe mich unter Wert“? Kommt die auch vom Negativen?“

Svenja: „Nein, da steckt ja drin, dass ich mehr erreichen könnte. Das ist zwar kritisch aber nicht negativ. Wir können ihn ja den Kritiker nennen.“

RA: „Dann haben wir als letzte Aussage noch: „Ich bin faul". Wem gehört diese Stimme?"

Svenja: „Die gehört auch dem Kritiker."

RA: „Gut, damit haben wir zwei Teilnehmer der Konferenz. Bestimmt gibt es aber noch mehr Stimmen in dir, die unbedingt auch zu Wort kommen sollen. Die meisten Menschen haben einen Teil, der im Zweifel sagt: Nun lass uns erstmal nachdenken, vielleicht finden wir dann eine Lösung. Ich nenne den immer den Sachlichen. Und jeder hat auch eine Stimme, die Hoffnung macht, das könnte der Optimist oder der Selbstbewusste sein. Kennst auch du die und gehören sie mit auf die Konferenz?"

Svenja: „Der Sachliche ist gut, den kenne ich auch. Der muss mit dabei sein. Den anderen würde ich den Positiven nennen, als Gegensatz des Negativen."

RA: „Ich weiß ja, dass du in Kunst und Musik ziemlich gut bist, d.h. du verfügst über ein großes kreatives Potenzial. Es könnte ein Vorteil sein, diesen kreativen Teil auch zur Konferenz einzuladen. Wie stehst du dazu?"

Svenja: „Ja, er sollte mit dabei sein."

RA: „Dann fehlt auch noch jemand, der die Konferenz leitet. Manche nennen ihn den Chef, andere einfach den Moderator. Wie willst du ihn nennen?"

Svenja: „Moderator finde ich gut."

RA: „Bevor die Konferenz beginnt, horche bitte noch einmal in dich hinein, ob sich noch eine Stimme meldet, die bis jetzt noch nicht dabei ist.“

Svenja: „Nein, ich höre sonst nichts.“

RA: „Falls sich während der Konferenz noch eine neue Stimme meldet, können wir sie ja noch hinzuholen. Lege nun bitte die Karte mit deinem Zielsatz in die Mitte auf den Fußboden und verteile dein inneres Team so darum, wie es sich für dich gut anfühlt. Ich zähle sie noch einmal auf: Der Moderator, der Kreative, der Positive, der Sachliche, der Kritiker und der Negative. Wir haben ja hier schon Aussagen vom Kritiker und vom Negativen, die kannst du schon mit dazulegen.“

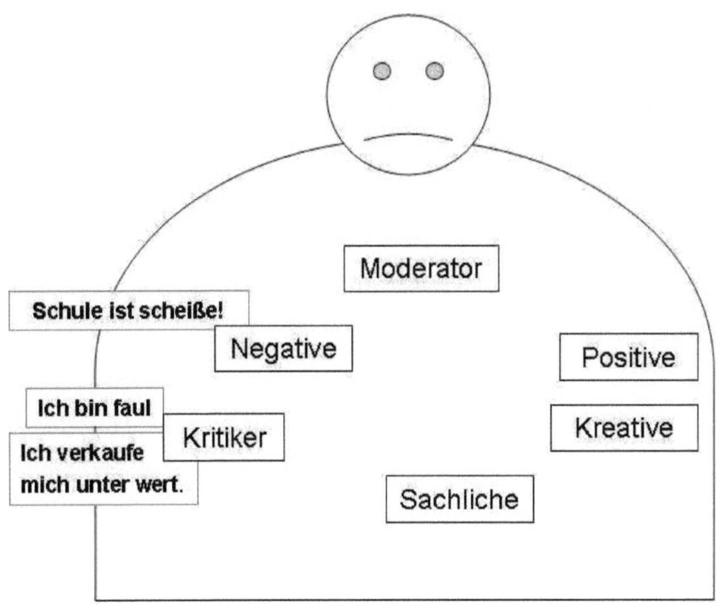

RA: „Es sind ja alles Teile von dir bei dieser Konferenz. Und jedes Teil von dir will natürlich etwas Gutes für dich bewirken. Was glaubst du? Welche positive Absicht verfolgen sie?“

Svenja: „Der Moderator will, dass alle gut zusammen arbeiten. Der Kreative sucht immer nach guten Lösungen. Der Positive macht mir Mut und der Sachliche passt auf, dass ich auf dem Teppich bleibe. Das ist einfach. Beim Kritiker kann ich mir vorstellen, dass er mich anstacheln will, noch besser zu werden. Beim Negativen fällt mir aber nichts ein.“

RA: „Du hast ja den Vorteil, den Kreativen mit in der Konferenz zu haben. Möglicherweise hat er ja eine Idee zur positiven Absicht des Negativen.“

Svenja: „Er könnte sich vorstellen, dass der Negative mich schützen will. Wenn er sagt, „Schule ist Scheiße“, dann kann ich ja gar nichts dafür, wenn es mir keinen Spaß macht und ich nicht so gut in der Schule bin.“

RA: „Dann frage doch bitte einmal deine Konferenzteilnehmer, ob die Vermutungen über ihre positiven Absichten stimmen und in einem zweiten Schritt, ob sie die positiven Absichten der anderen Teilnehmer anerkennen und würdigen können.“

Für diesen Arbeitsschritt bitten wir Svenja, sich nacheinander zu jeder Karte der benannten Teammitglieder zu stellen und im inneren oder lauten Dialog zu klären/nachzuspüren, ob sich alle Teammitglieder anerkannt fühlen.

Svenja: „Die Vermutungen stimmen und sie können die Absicht auch anerkennen."

RA: „Das ist ja schon ein wichtiger Schritt. Du hattest zu Beginn schon festgestellt, dass die Aussage „Schule ist Scheiße" wenig förderlich für die Zielerreichung ist. Wie beurteilst du die Aussagen vom Kritiker „Ich verkaufe mich unter Wert" und „Ich bin faul"?"

Svenja: „Die sind sicher auch nicht förderlich."

RA: „Dann ist jetzt der nächste Schritt, die Aussagen so zu verändern, dass die positive Absicht erhalten bleibt aber die Zielerreichung aus Sicht der Konferenzteilnehmer nicht mehr blockiert wird. Welche Vorschläge haben die Teilnehmer dazu?"

Svenja: „Der Positive sagt: „Wer sich unter Wert verkauft, hat ganz viel Potential." Das müsste in den neuen Satz mit hinein. Der Sachliche findet die Aussagen vom Kritiker nicht so schlimm. Da steckt ja nur ein negatives Verhalten dahinter, was man auch verändern kann.
Der Kreative schlägt den Satz vor: „Ich wünsche mir eine bessere Schule" statt „Schule ist Scheiße"."

RA: „Hat denn auch schon einer konkrete Vorschläge zu den Kritikeraussagen?"

Svenja: „Der Moderator findet den Satz gut: „Wir wissen, dass wir bis jetzt noch nicht unser ganzes Potential nutzen. Wir entscheiden in Zukunft gemeinsam über seinen Einsatz."

RA: „Wie geht es deinem Team mit diesen Vorschlägen?“

Svenja: „Der Positive möchte den Satz über die Schule so verändern: „Ich wünsche mir eine Schule, in der mir Lernen Spaß macht. Dann wäre ich automatisch besser“. Der Kritiker wünscht sich vom Moderator eine Veränderung seines Satzes: „Wir wissen, dass wir bis jetzt noch nicht unser ganzes Potential nutzen und werden das in Zukunft gemeinsam besser machen.“

RA: „Sind mit diesen beiden Formulierungen alle einverstanden?“

Svenja: „Ja, das finden alle gut.“

RA: „Dann ersetze jetzt die alten Aussagen durch die gemeinsam beschlossenen und lasse den Moderator die Konferenz beenden.“

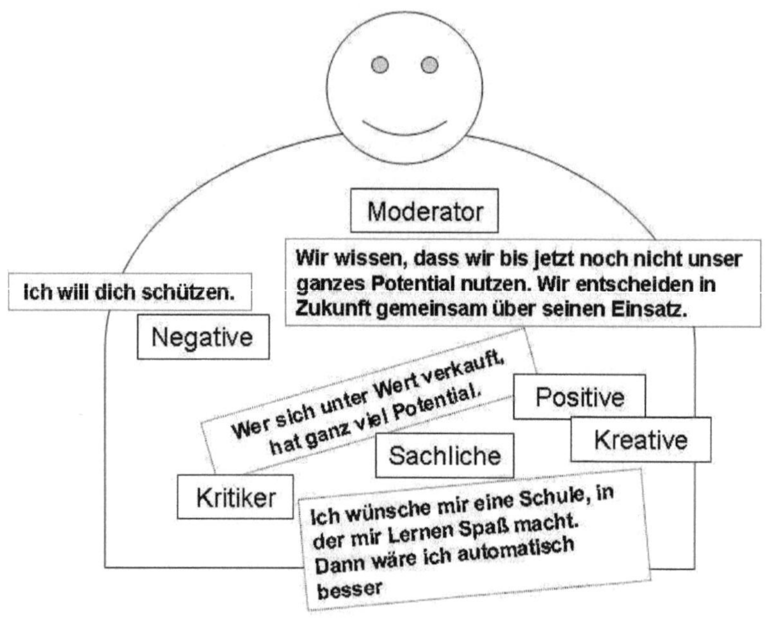

Die beiden nächsten „Werkzeuge“ zur Auflösung von Blockaden, mit denen wir häufig arbeiten, sind die Energetische Psychologie und die Dissoziations-Technik. Beide Vorgehensweisen nutzen wir dann, wenn besonders starke negative Emotionen die Blockade auslösen. Aus unserer Sicht müssen wir uns beim Einsatz dieser Methoden nicht zwangsläufig für eine der beiden entscheiden. Wir setzen sie häufig auch nacheinander ein, da sie auf unterschiedlichen Ebenen wirken.

6.3 Energetische Psychologie

Energetische Psychologie greift zurück auf Erkenntnisse der Traditionellen Chinesischen Medizin (TCM) und verbindet diese mit der angewandten Kinesiologie. Obwohl wissenschaftlich nicht anerkannt, werden diese Methoden mittlerweile von vielen Ärzten, Heilpraktikern, Psychotherapeuten und Coaches erfolgreich eingesetzt.

Zum Wirkmechanismus der Energetischen Psychologie gibt es verschiedene Hypothesen. Vertreter der Traditionellen Chinesischen Medizin verweisen auf die Wirkung des Klopfens von Akupunkturpunkten. Verhaltenstherapeuten finden den Ansatz wichtig und richtig, sich selbst mit all seinen belastenden Gefühlen und unerwünschten Verhaltensweisen erst einmal anzunehmen, und erst dann an Veränderungen zu arbeiten. Ein anderer Erklärungsansatz beruht auf der neuronalen Plastizität des Gehirns. Durch die Fokussierung auf das Problem bei gleichzeitiger Aktivierung verschiedener Sinne können neuronale Verschaltungen reorganisiert und neue Aktivierungsmuster erzeugt werden. Weitere Hypothesen beschreiben eine Wirkung auf biochemischer Ebene durch die Konzentrationserhöhung von

Neuromodulatoren und Neurotransmittern oder einen Entspannungseffekt durch die Beeinflussung des vegetativen Nervensystems. (Wilhelm-Gößling, in Bohne u.a., 2006)

Hier zwei Beispiele für den Einsatz in unserer Praxis:

Beispiel 1:
Bei der neunjährigen Anna (Name geändert) hatten wir gemeinsam herausgearbeitet, dass sie große Angst davor hatte, ihre Eltern durch schlechte Noten in Klassenarbeiten zu enttäuschen. Diese Angst führte in der Praxis dann zu einer Denkblockade und in der Folge davon tatsächlich zu schlechten Noten.
Wir arbeiteten zunächst mit dem Werkzeug „Entstressen der Stressreaktion“, was schon zu einer deutlichen Erleichterung führte. Auf unsere Frage im Anschluss, wie groß die Angst auf einer Skala von 1 bis 10 denn jetzt noch sei, gab sie aber immer noch eine 6 an.
Wir baten sie dann, den in der Energetischen Psychologie so genannten „Selbstakzeptanzpunkt“ (siehe Abbildung) zu reiben, gleichzeitig an ihre Angst zu denken und folgenden Satz dreimal laut zu sagen: „Auch wenn ich Angst habe, meine Eltern zu enttäuschen, habe ich mich ganz doll lieb und Mama und Papa lieben mich so wie ich bin“.

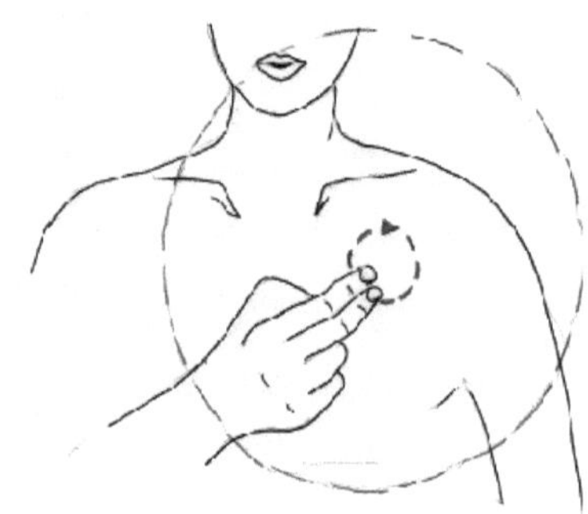

Das Angstgefühl war dadurch auf der Skala von 6 auf 3 gefallen. Damit konnte Anna gut leben. Sie hatte gleichzeitig ein Werkzeug für sich entdeckt, dass sie in Zukunft immer dann einsetzen konnte, wenn sie ein negatives Gefühl verringern wollte.

Beispiel 2:
Agnes (Name geändert), 19 Jahre, Berufsschülerin kam wenige Monate vor ihrer Abschlussprüfung zu uns. Sie beschrieb sich als gute Schülerin, die an den Inhalten in der Schule sehr interessiert sei. Die Noten lagen im Schnitt alle im Zweierbereich.
Jetzt aber lag die nahende Prüfung schwer auf ihren Schultern. Selbstzweifel machten sich immer häufiger breit. Der Glaube, die Prüfung zu schaffen, schwand bei Agnes nach ihren Aussagen immer mehr und die Angst, in der Prüfung zu versagen, nicht das erwünschte Ergebnis zu erzielen oder sogar einen „Blackout“ zu bekommen, rückte immer häufiger in ihre Gedankenwelt.
Im ausführlichen Erstgespräch war deutlich geworden, dass es sich bei Agnes Reaktion eindeutig um Prüfungsangst handelte und schon der Gedanke an die Prüfung eine hohe Stressreaktion bei Agnes auslöste. Sie war zuversichtlich den Stoff zu beherrschen, aber stellte sich zunehmend häufiger vor, dass sie in der Prüfung wie erstarrt ihre Aufgaben nicht bewältigen konnte. Auf die Frage, wo sie auf einer persönlichen Skala von 0 bis 10 das Ausmaß ihrer Angst einstufen würde, antwortete sie mit 9.
Nachdem wir das Vorgehen für die Klopftechnik ausführlich besprochen hatten und Agnes eingewilligt hatte, sich auf dieses Verfahren einzulassen, haben wir zunächst an einer möglichen psychologischen Umkehrung gearbeitet. Bei der psychologischen Umkehr, so wird

vermutet, besteht eine Unterbrechung im Energiesystem des Körpers. Liegt eine solche Unterbrechung vor, werden Bemühungen sabotiert, dass zu erreichen, was man eigentlich will. Liegt eine psychologische Umkehrung vor, sind die Techniken der energetischen Psychologie unwirksam. Von daher ist es wichtig, diese vor der Klopfsequenz zu bearbeiten.

Agnes klopfte den Handkantenpunkt, ein Meridianpunkt, der sich auf der Handkante des kleinen Fingers befindet, genau in der Falte, die sich bildet, wenn man eine Faust macht. Beim Klopfen des Handkantenpunktes hatten wir vereinbart, dass Agnes folgen Satz wiederholt:

„Ich liebe und akzeptiere mich von ganzem Herzen, auch wenn ich in der Prüfung nicht das zeige, was ich wirklich kann."

Diesen Satz mehrfach laut zu wiederholen, macht Agnes anfangs etwas verlegen, wie sie sagte, aber er erfreute sie auch.

Nachdem sie den Satz dreimal laut wiederholt hatte und den Handkantenpunkt geklopft hatte, begannen wir damit, mit dem Klopfen anderer Meridianpunkte das Angstempfinden bzw. Stressempfinden für die Prüfung zu reduzieren.

Dazu sollte Agnes an die bevorstehende Prüfung denken und drei Meridianpunkte mehrfach klopfen. Nach Gallo (2005) sind für Prüfungsangst der Jochbeinpunkt, der Unterarmpunkt und der Schlüsselbeinpunkt angezeigt. Diese Klopffolge durchlief Agnes fünf Mal und schätzte danach wieder ihren Prüfungsstress auf der persönlichen Skala von 0 bis 10 ein. Einen leichten Rückgang des Stresserlebens konnte Agnes verzeichnen. Sie schätzte sich auf 8 ein. Sie wiederholte die Klopfsequenz noch 5 weitere Male bis sie sich mit ihrer Einschätzung auf der Skala bei 5 befand. Da sich die Einschätzung zwar reduziert hatte, aber dennoch immer noch im mittleren Bereich lag, ergänzten wir das

Klopfen durch eine so genannte Gehirnbalance. Agnes klopfte den Serienpunkt, der auf den Handrücken zwischen kleinem Finger und Ringfinger, auf der Höhe des Kopfes des vierten Mittelhandknochens, liegt. Während sie den Punkt klopfte, bewegte sie ihre Augen 360°zuerst im und dann entgegen dem Uhrzeigersinn. Dann sollte sie einen Ton summen, bis 5 zählen und wieder einen Ton summen.

Durch die Gehirnbalance sollte die Wirkung der Klopfsequenz erhöht werden, was auch tatsächlich der Fall war. Agnes wiederholte daraufhin die Klopfsequenz noch 2 weitere Male. Dann war sie auf der Skala bei 2 angelangt. Wir schlossen die Sequenz mit einer erneuten Gehirnbalance ab.

Besonders beeindruckend nach der Sitzung war folgende Aussage von Agnes: „Wissen Sie, wie mir jetzt ist? – Mir ist, als hätte mir jemand einen unheimlich schweren Rucksack von meinen Schultern weggenommen. Das ist ein wirklich gutes Gefühl".

Das Vorgehen zur Vorbeugung der psychischen Umkehr (die Klopfsequenz und die Gehirnbalance) bekam Agnes als Selbsthilfeanleitung mit, so dass sie sie bei Bedarf jeder Zeit selbst durchführen konnte.

Eine so beschriebene Körpersensation nach Durchführung der Klopfsequenz ist nicht die Regel. Dennoch wird hier eindrucksvoll deutlich, wie bzw. wo sich die Prüfungsangst bei Agnes somatisch lokalisiert hatte. Das wird zudem von der Aussage zu Beginn der Sitzung unterstrichen, dass die nahende Prüfung schwer auf ihren Schultern lag.

6.4 Die Dissoziations-Technik

Bei besonders starken Ängsten arbeiten wir häufig mit der Dissoziations-Technik.

Mit der „als ob" - Methode gewinnen wir Informationen über die Befindlichkeiten des Coachees in Bezug auf ein bestimmtes Ereignis und bewirken im günstigsten Fall sofort eine positive Veränderung.

Beispiel 1:
„Tue einmal so, als ob du dein Ziel schon erreicht hättest".
Uns gibt diese Intervention Informationen darüber, welche physiologischen Veränderungen (Körper- und Kopfhaltung, Atmung, Mimik etc.) des Coachees für einen positiven Gefühlszustand stehen. Beim Coachee selbst löst die positiv erlebte Situation den Ausstoß von Glückshormonen und damit eine Verstärkung der Motivation zur Zielerreichung aus.

Beispiel 2:
„Tue einmal so, als ob du zuhause an den ungeliebten Hausaufgaben sitzt".
Hier erhalten wir wieder Informationen über die Physiologie und können unsere weitere Vorgehensweise daran ausrichten.

Wenn besonders starke negative Emotionen vorliegen, wäre es für den Coachee zu belastend mit der „als ob" – Methode zu arbeiten. Wir lassen ihn also die belastende Situation aus einfacher oder bei sehr starken Ängsten sogar aus doppelter Dissoziation erleben.

Einfache Dissoziation: Man betrachtet sich selbst von außen. Man sitzt beispielsweise im Kino und sieht sich selbst auf der Leinwand agieren.
Doppelte Dissoziation: Man betrachtet sich selbst als Betrachter der Angst auslösenden Situation. Das kann man sich so vorstellen, als würde man im Kino im Vorführraum sitzen und zusehen, wie man selbst im Kino sitzt und sich dabei auf der Leinwand beobachtet.

Dieses „Aus sich heraustreten“ erlaubt dem Coachee die belastende Situation genauer zu betrachten, dadurch den Blickwinkel zu erweitern und über Handlungsalternativen nachzudenken. Im belastenden Zustand, also assoziiert, würde das nur schwer gelingen. In der Außensicht kann man dann daran arbeiten, welche Ressourcen hilfreich wären, um die negativen Emotionen zu verringern oder ganz zu beseitigen. Gelingt dies soweit, dass der Coachee sich sicher ist, der belastenden Situation in Zukunft gewappnet zu sein, und dies auch in seiner Physiologie sichtbar ist, können wir wieder mit der „als ob“ – Methode weiterarbeiten.

Kapitel 7 Werkzeuge für Lernstrategien

Was Sie in diesem Kapitel finden

- Eine kurze theoretische Einführung in das Thema Lernstrategien
- Kinesiologische Übungen zur Verbesserung der Gehirnarbeit.
- Visualisierungsstrategien für gute Rechtschreibung, zum Kopfrechnen und zur Darstellung komplexer Sachverhalte.
- Fragen sind das Vorzimmer der Erkenntnis.
- Strategien zur Erfassung von Informationen.
- Konzentration herstellen und trainieren - sich von Störfaktoren befreien
- Zeitmanagement

Lernstrategien – eine Einführung

Als Lernstrategien bezeichnen wir alle kognitiven und verhaltensbezogenen Vorgehensweisen, die zum Wissenserwerb dienen bzw. die die Gestaltung des Lernprozesses unterstützen.

Wenn gelernt wird, werden Informationen im Langzeitgedächtnis abgelegt. Der eigentliche Vorgang des Wissenserwerbs findet aber im Arbeitsgedächtnis statt. Lernstrategien dienen der Informationsverarbeitung im Arbeitsgedächtnis und unterstützen damit den Lernprozess produktiv. Sie sind sehr individuell und werden bewusst oder auch unbewusst angewandt. Tauchen Probleme im Lernprozess auf, hilft eine bewusste Betrachtung bisher angewandter Strategien.

Lernstrategien werden häufig unterteilt in kognitive Strategien, Ressourcenstrategien und metakognitive Strategien. Die kognitiven Strategien dienen zur Aufnahme, Verarbeitung und Speicherung von Informationen und bedienen vornehmlich das deklarative und prozedurale Gedächtnis. Wichtige Funktionen sind zum Beispiel die

Aktivierung des Vorwissens und das Anknüpfen der neuen Informationen an das vorhandene Wissen (Beispiel: „Fragen stellen" in diesem Kapitel), oder Verbindungen zwischen neuen Wissensanteilen heraus zu arbeiten, logische Verknüpfungen zu suchen und den Stoff in eine Struktur zur bringen (Beispiele: „5-Schritt-Lese-Technik" und „Logicals" in diesem Kapitel). Hilfreich dabei ist es, wenn man entsprechende Visualisierungstechniken einbezieht, um beispielsweise Inhalte mental zu repräsentieren oder um komplexe Inhalte zu strukturieren.
Die metakognitiven Strategien dienen der Planung, Überwachung und Regulation des eigenen Lernprozesses. Hierbei steht die Fähigkeit, sich eigene Ziele setzen zu können und die Zielerreichung in machbare Schritte organisieren zu können im Fokus. Beides begleitet den gesamten Lerncoachingprozess in unserer Arbeit.
Ressourcenstrategien dienen der Organisation des Lernens und dem Schaffen lernförderlicher Rahmenbedingen. Dazu gehören zum Beispiel der Umgang mit Zeit, die Fähigkeit, sich für eine bestimmte Zeit auf eine Aufgabe konzentrieren zu können oder sich mit Hilfe kinesiologischer Übungen in eine lernförderliche Verfassung zu bringen.

7.1 Kinesiologische Übungen

Kinesiologie ist die Lehre von der Bewegung. Für Kinder ist Bewegung ein Grundbedürfnis. Das muss ja zusammen passen. Und tatsächlich ist es so, dass die Kinder nicht nur viel Freude an den Übungen haben, die wir gleich vorstellen werden, sondern sich in vielen Fällen auch schnelle und spürbare Erfolge zeigen.
Die Übungen gehen zurück auf die Arbeit des Amerikaners Paul Dennison, der das so genannte Brain-Gym® entwickelte. In Deutschland ist diese Richtung der Kinesiologie auch als Edu-Kinestetik® bekannt.

Liegende Acht

Der Klassiker unter den Brain-Gym® - Übungen zur Überquerung der Mittellinie verbessert die Koordination von linkem und rechtem Sehfeld, hilft bei Leseproblemen, verbessert die Schrift und das mathematische Denken.

Am Beispiel Lesen soll hier kurz der Wirkmechanismus erläutert werden: Unsere linke Gehirnhälfte steuert unsere rechte Körperseite und die rechte Gehirnhälfte die linke Körperseite. In unserem Kulturkreis lesen wir von links nach rechts. Am Beginn einer Zeile ist also vorrangig die rechte Gehirnhälfte im Einsatz, am Ende dann die linke Gehirnhälfte. Im Mittelfeld einer Zeile müssen für ein gutes Ergebnis und einen reibungslosen Übergang beide Gehirnhälften gut zusammenarbeiten. Das Üben der „liegenden Acht" verbessert diese Zusammenarbeit.
Bei Lese- und Schreibproblemen, die auf Schwierigkeiten bei der Überquerung der Mittellinie zurückzuführen sind, lassen sich mit dieser Übung gute Erfolge erzielen.

Überqueren der Mittellinie

Vorgehen:

Man steht gerade, der Kopf blickt nach vorne. Nach links oben beginnend werden zunächst mit langsamen Bewegungen liegende Achten in die Luft gezeichnet. Bei der Größe der Achten kann man gut variieren. Die Augen folgen den Handbewegungen, der Kopf bleibt möglichst stabil. Man kann die Übung mit beiden Armen gleichzeitig durchführen und dabei die Hände ein Dreieck formen lassen, durch das man hindurchschaut. Oder man führt sie nur mit einer Hand durch und benutzt als visuelles Hilfsmittel ein Jongliertuch oder ähnliches.

Weitere Lieblingsübungen aus unserer Praxis:

Die Denkmütze

Diese Übung eignet sich besonders für Kinder mit einem sensiblen Hörsinn, denen es aufgrund vieler Störgeräusche schwer fällt, im Unterricht konzentriert den Aussagen der Lehrer zu folgen.

Vorgehen:
Massieren des Ohrrands beider Ohren von oben nach unten mit Daumen, Zeige- und Mittelfinger.

Positive Punkte

Durch Drücken der Positiven Punkte können sowohl Stressgefühle reduziert als auch das Langzeitgedächtnis aktiviert werden.

Beispiele:

- „Ich habe ein mulmiges Gefühl, hoffentlich habe ich keinen Blackout in der Klassenarbeit.“
- „Ich weiß es doch, ich komme im Moment aber nicht darauf.“

Vorgehen:

Mit den Fingerspitzen von Daumen und Mittelfinger leicht die Punkte über den Augen auf den Stirnbeinhöckern berühren.

Über-Kreuz-Bewegungen

Zur Vorbereitung der Liegenden Acht und für Kinder mit viel Bewegungsdrang ist diese Übung besonders geeignet. Sie dient der Aktivierung beider Gehirnhälften und hilft damit unter anderem zur Verbesserung des Lesens und Schreibens.

Vorgehen:
Die rechte Hand geht zum linken Knie. Das linke Knie kommt der rechten Hand in der Mitte entgegen. Dann geht die linke Hand zum rechten Knie, das rechte Knie kommt in der Mitte entgegen. Diese Übung wird etwa fünfzehn Mal im Wechsel durchgeführt. Anschließend geht die rechte Hand zum rechten Knie, das Knie kommt entgegen. Es wird nach links gewechselt. Nach 15 Wiederholungen folgen wieder die Überkreuzbewegungen als Abschluss.

Buchstaben Entstressen

Manchmal haben Kinder auch nur Schwierigkeiten mit einzelnen Buchstaben. Dann kann es hilfreich sein, den Körper mit einzubeziehen, um diese Buchstaben zu „entstressen“.

Vorgehen:
Das Kind malt mit beiden Armen den Buchstaben so groß wie es kann in die Luft. Dann probiert es verschiedene Größen aus. Es kann auch die Augen schließen und sich nur vorstellen, den Buchstaben in die Luft zu malen. Am Ende malt es den Buchstaben auf ein Flipchart, ein DIN A3- und ein DIN A4-Blatt und wird immer kleiner, bis normale Schriftgröße erreicht ist.

7.2 Visualisieren

Die Fähigkeit, sich von etwas „ein Bild“ machen zu können, ist aus unserer Sicht wesentlich für erfolgreiches Lernen. Ob es die Darstellung eines komplexen Themas mit Hilfe einer Mind-Map ist, die Strategie guter Rechtschreiber und guter Kopfrechner oder ob sich jemand im Kunstunterricht die nächste Zeichnung im Kopf schon fertig vorstellen kann, wer gut visualisieren kann, ist beim Lernen im Vorteil. Die neurobiologischen Erkenntnisse zur Stützung dieser These haben wir in Kapitel 1 ausführlich beschrieben.

Besser Rechtschreiben

Um Schüler bei ihrer Rechtschreibung zu unterstützen arbeiten wir mit der NLP- Rechtschreibstrategie, die von Robert Dilts entwickelt wurde. (Schick, 2004)

Dilts geht davon aus, dass bei den meisten Rechtshändern die Augen nach links oben wandern, wenn sie sich an etwas visuell erinnern. Wir kontrollieren dies, in dem wir die Schüler nach ihrem letzten Urlaub oder der letzten Geburtstagsfeier fragen. In den meisten Fällen, in denen wir mit den Schülern an der Verbesserung ihrer Rechtschreibung gearbeitet haben, fanden wir diese Theorie bestätigt. Bei Linkshändern ist es meistens umgekehrt. Wichtig ist immer die Kontrolle anhand mehrerer Beispiele.

Wir fragen dann nach einem Wort, von dem der Schüler sicher ist, die korrekte Rechtschreibung zu beherrschen. Dieses wird groß auf eine Metaplankarte geschrieben und aus Sicht des Schülers in etwa 1 Meter Entfernung links oben vor sein Gesichtsfeld gehalten. Der Schüler wird gebeten, sich dieses Wort mit seinen einzelnen Buchstaben, seiner Form und seiner Farbe ganz genau anzuschauen und dann davon einen Schnappschuss zu machen. Wir nehmen dann die Karte weg und lassen ihn dieses Wort vor und rückwärts buchstabieren. Da das Wort bekannt ist, gelingt dies in der Regel gut und stellt somit ein Erfolgserlebnis dar.
Dann üben wir den gleichen Vorgang mit unbekannten Wörtern. Man kann z.B. ein Spiel daraus machen. Zuerst denken wir uns ein „schweres“ Wort aus, dann das Kind oder umgekehrt.

Da viele Kinder bis dahin vorrangig eine akustische Rechtschreibstrategie genutzt haben, ist es wichtig für die Akzeptanz der neu zu erarbeitenden Strategie, zunächst die „alte" Vorgehensweise zu würdigen. Mit dem Hinweis, dass es sich dabei um eine sehr weit verbreitete und genutzte Strategie handelt, die in der Regel auch gut funktioniert, gelingt dies meistens ganz gut. Dann preisen wir die neue Strategie als noch einen kleinen Schritt erfolgreicher an und fragen, ob sich das Kind vorstellen kann, die „alte" Strategie durch die soeben gelernte zu ersetzen. Wird dies bejaht, entwickeln wir gemeinsam einen Übungsplan. Entscheidet das Kind sich gegen die neue Strategie bieten wir „Werkzeuge" zur Optimierung der bisherigen Rechtschreibstrategie an.

Beispiele:
Fehlerquelle **b** oder **p**, **d** oder **t, g** oder **k**
Steigerungsformen bei Adjektiven: spannen**d -** das spannen**d**e Spiel
Grundformen bei Verben: Der Füller schrei**b**t -schrei**b**en
Verlängern bei Substantiven: Das Fel**d** – Die Fel**d**er, Der Käfi**g** – Die Käfi**g**e

Besser Kopfrechnen

Beim Kopfrechnen verhält es sich ähnlich wie beim Rechtschreiben. Es handelt sich im besten Fall um eine Routine-Gedächtnisleistung, d.h. das Ergebnis einer einfachen Rechenoperation erfordert keinen kognitiven Prozess. Schon die meisten Fünfjährigen können auf die Frage wie viel 2 + 2 sind, ohne Nachzudenken das korrekte Ergebnis nennen.
Dahinter steckt ein inneres Bild. Es kann sogar so sein, dass dem Kind die eigentliche mathematische Bedeutung noch nicht klar ist und es nur etwas auswendig gelernt hat. Dann ist es natürlich notwendig, zunächst

am mathematischen Verständnis zu arbeiten. Darauf wollen wir an dieser Stelle nicht näher eingehen.

Wir bieten den Kindern das Erlernen der visuellen Kopfrechenstrategie an, die z.B. auf die Frage nach dem Ergebnis der Operationen 7+8 oder 7*3 intern anfangen zu zählen und dazu häufig die Finger zur Hilfe nehmen. Dieses Verfahren kann durchaus erfolgreich sein, ist jedoch sehr zeitintensiv und fehleranfällig.

Wie beim Rechtschreiben nehmen wir auch hier zunächst eine Rechenoperation, wo das Kind das Ergebnis sicher weiß und später schwierigere Aufgaben. Zur Visualisierung der Operation auf einer Metaplankarte nutzen wir die Dreiecksmethode.

7 +/- 8 15	7 * /: 3 21

Den Kindern, die beim visuell Erinnern nach links oben schauen, halten wir die Karte links oben vor ihr Gesichtsfeld. Wir fragen ab: 7+8, 8+7, 15-7, 15-8 oder im zweiten Fall: 7x3, 3x7, 21:3, 21:7. Das Kind sagt die Ergebnisse und erkennt dabei die Zusammenhänge zwischen den Zahlen. Es wird wieder gebeten ein internes Foto von der Karte zu machen. Hilfreich kann es auch sein, dem Kind anzubieten, sich einen inneren Bildschirm oder ein inneres Mathematikbuch vorzustellen, wo es dann die Rechenoperationen als Bild erscheinen lassen kann. Das Kind kann sich die Zahlen auch in verschiedenen Farben, Größen oder anderweitig hervorgehoben vorstellen (Karig, 2005).

Lernstrategien verändern

Beispiel:
Der Kampf mit dem 1 x 1 (7 x 8 = ?)

- **bisherige Strategie:**
  innerlich die Siebenerreihe vorsprechen und mit den Fingern bis acht zählen
- **Visualisierungstechnik:**
  Zahlen und Ergebnisse als „innere Zahlenbilder" im Gehirn/Gedächtnis abspeichern. Sind sie dort einmal erfolgreich abgespeichert, können sie visuell erinnert und abgelesen werden.

1 x 7 = 7
2 x 7 = 14
3 x 7 = 21
4 x 7 = 28
5 x 7 = 35
6 x 7 = 42
7 x 7 = 49
8 x 7 = 56

Zum Üben dieser Methode lassen wir die Kinder häufig auf einem Minitrampolin hüpfen, während wir ihnen verschiedene Karten links oben vors Gesichtsfeld halten. Sie sagen dabei die verschiedenen möglichen Rechenoperationen laut auf und speichern das dazugehörige Bild in ihr inneres Mathematikbuch. Das zusätzliche Hüpfen ist für die Kinder sehr motivierend und bewirkt nach unserer Erfahrung auch eine bessere Behaltensleistung.

Mindmaps

Mit der Methode Mindmapping nutzen wir eine etwas andere Form der Visualisierung. Komplexe Sachverhalte können damit auf einer Seite dargestellt werden. Durch die Verbindung von sprachlichen und bildhaften Elementen werden beide Gehirnhälften gleichermaßen angesprochen. Die bildhaften Aspekte bringen Emotionen ins Spiel, wirken motivierend bei der Herstellung und steigern die Behaltensleistung.

Vorgehensweise:

Ein Blatt Papier (möglichst groß) wird quergelegt. In der Mitte wird das Thema sprachlich und symbolhaft dargestellt. Von dort verzweigen zunächst Hauptäste und davon wenn nötig wiederum Nebenäste. Auch hier wird möglichst sowohl mit Sprache als auch mit Bildern und Symbolen gearbeitet. So breitet sich das gesamte Thema nach und nach immer weiter auf dem Blatt aus.

Hier ein Beispiel zum Thema Lernen:

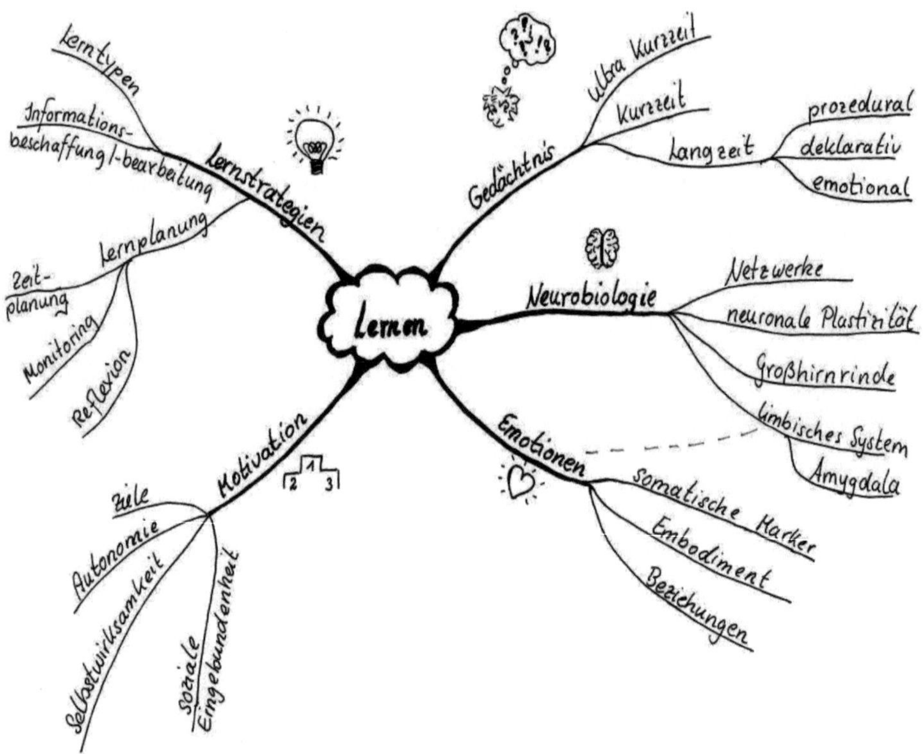

In der Praxis erläutern wir den Kindern und Jugendlichen zunächst das Modell und erarbeiten dann an einem Thema ihrer Wahl eine Mindmap.

7.3 Fragen stellen

Aus der Neurobiologie wissen wir, dass es zu den grundlegenden kindlichen Bedürfnissen gehört, jeden Tag ein Stück über sich hinaus zu wachsen. Dazu benötigen Kinder, neben stabilen Beziehungen zu den Eltern und anderen Bezugspersonen, besonders vielfältige Anregungen und Übungsmöglichkeiten (Hüther/Nitsch, 2008). Bekommen sie diese, besteht ein großes Bedürfnis Fragen zu stellen und darauf Antworten zu finden.

Bei vielen Kindern und Jugendlichen ist diese kindliche Neugier aus verschiedensten Gründen verloren gegangen. Im Lerncoaching stellen wir ihnen daher eine systematische Vorgehensweise zum Einstieg in Lernprozesse mit Hilfe von selbst gestellten Fragen vor.

Selbst gestellte Fragen führen zu einem besseren Verstehen und zu einer besseren Behaltensleistung (Müller, 2002).

Alle selbst gestellten Fragen sind gute Fragen. Besonders geeignet sind systemische Fragen, wie wir sie auch im Coaching verwenden, da es sich dabei um offene Fragen handelt, durch die Denkprozesse angeregt werden.

Zunächst ist es sinnvoll, sich Fragen darüber zu stellen, woran das Gehirn bei diesem Thema anknüpfen kann.
„Welche Vorerfahrungen, welches Vorwissen für dieses Thema bringe ich mit?“
„Verfüge ich über Wissen und Erkenntnisse zu vergleichbaren Themen und wie kann ich diese hilfreich nutzen?“

Ein weiterer Fragenkomplex sollte den Fokus darauf richten, welche intrinsische Motivation das Thema bereithalten könnte.
„Was an dem Thema könnte für mich besonders interessant sein?“
„Welche möglichen Erkenntnisse aus diesem Thema haben auf jeden Fall für mich eine Bedeutung über die nächste Klassenarbeit hinaus?“

Besonders wirksam ist es auch, nach Unterschieden, Gemeinsamkeiten, Neuem und Überraschendem zu fragen oder andere Perspektiven einzunehmen. Dadurch wird Aufmerksamkeit erzeugt und ein qualitativ anderes Denken ausgelöst (Müller, 2002).
„Was unterscheidet uns von einem Entwicklungsland, wo gibt es Gemeinsamkeiten?“
„Welche Informationen haben mich am meisten überrascht?“
„Was würden andere an dem Thema spannend finden?“
„Was würde ein Mensch aus dem Mittelalter zu unserem Umgang mit dem Glauben denken und fühlen?“

Von Vorteil ist es, sich zu Beginn des Lernprozesses die Fragen aufzuschreiben. Damit erhöht sich nicht nur die Verbindlichkeit, sondern der Fragesteller hat auch einen Gradmesser, an dem er sich immer wieder orientieren kann. Sind alle meine Fragen zur Zufriedenheit beantwortet? Haben sich im Prozess neue Fragen ergeben, die noch zu klären sind? Hat sich durch die Fragen das Thema für mich ausreichend erschlossen oder fehlt noch etwas?
„Wer fragt ist ein Narr für eine Minute. Wer nicht fragt, ist ein Narr sein Leben lang.“

Konfuzius (551 – 479 v. Chr.)

7.4 Texte auswerten und Informationen erfassen

„Sich Informationen in eigenständiger, zielstrebiger und wirksamer Weise beschaffen zu können ist eine Grundvoraussetzung für erfolgreiches Lernen“. (Klippert, 2006)

Aus einer Fülle von Methoden der Informationserfassung haben wir zwei Beispiele ausgewählt, die wir für besonders gut geeignet halten. Sie sind aus unserer Sicht besonders gehirngerecht, da sie unterschiedliche Sinne ansprechen. Durch die Arbeit mit Logicals werden gleich mehrere Basisfähigkeiten gefördert. Sie sind besonders für jüngere Coachees geeignet. Die 5-Schritt-Lesemethode bietet ein einfach zu erlernendes systematisches Konzept um Informationen aus Texten zu erfassen.

Logicals

Bei den so genannten Logicals handelt es sich um Aussagenrätsel, die Sinn entnehmendes Lesen, Erinnerungsvermögen, Konzentrationsfähigkeit, Durchhaltevermögen und das logische Denken fördern (Stucki, 2010). Durch ihre spielerische Form und in Verbindung mit kleinen Zeichnungen sind sie sehr motivierend. Sie lassen sich sehr gut differenzieren. Man kann im Verlauf des Coaching-Prozesses den Schwierigkeitsgrad langsam steigern. Der Coachee entwickelt bei der Bewältigung der zunehmend schwerer werdenden Logicals das Gefühl, besser geworden zu sein und über sich hinauszuwachsen. Wir loben die Coachees am Ende besonders dafür, dass es ihnen gelungen ist, sich über einen relativ langen Zeitraum konzentriert zu haben. Wenn zwischenzeitlich Frust aufgekommen ist, weil die Lösung nicht sofort auf der Hand lag, loben wir sie dafür, trotzdem durchgehalten zu haben.

Der Vorteil, während des Coaching-Prozesses mehrere dieser Logicals bearbeiten zu lassen, liegt auch in einem gewissen Trainingseffekt und im Herausbilden von nützlichen Strategien. Beim ersten Logical ist es häufig noch so, dass die Antworten auf die zu lösenden Fragen aufgrund der Bilder geraten werden. Erst wenn unsere Frage, wie sich der Coachee denn sicher sein könne, dass seine Vermutung richtig sei, aus unserer Sicht nicht befriedigend beantwortet werden kann, bitten wir ihn, dies aufgrund der Aussagen im Logical zu überprüfen. Wir begleiten dabei den Arbeitsprozess des Coachee und regen an, gefundene Antworten sofort aufzuschreiben und schon bearbeitete Aussagen abzuhaken. Die meisten Coachees übernehmen diese systematische Vorgehensweise schon beim zweiten oder dritten Logical.

Wir haben ein kleines Beispiel-Logical entworfen, das für Zweitklässler gut zu bewältigen ist.

Anweisung: Lies den folgenden Text genau durch. Schaue Dir auch die Bilder an. Unten stehen fünf Sätze, die Dir helfen sollen, die gestellte Aufgabe zu lösen.

Die Klassenarbeit

Vier Jungen mit den Namen Kai, Jannik, Paul und Tim gehen gemeinsam in eine Klasse. Morgen schreiben sie eine Klassenarbeit. Jeder von ihnen lernt dafür auf seine eigene Art.

Schreibe die Namen der Kinder unter die Bilder.

1. Kai kommt ohne Papier aus.
2. Neben dem tanzenden Jungen sitzt nicht Jannik.
3. Tim benötigt zum Lernen Papier.
4. Jannik geht nach einer bestimmten Reihenfolge vor.
5. Paul lernt am liebsten mit viel Bewegung.

Lösung: Paul, Tim, Jannik und Kai

5-Schritt-Lesemethode

Beim Lesen geht es darum, sich mit einem Text aktiv auseinanderzusetzen, dadurch zu einem inhaltlichen Verständnis zu kommen, Zusammenhänge zu erkennen und letztlich Wissen zu generieren.

Eine gute Möglichkeit diesen Vorgang zu systematisieren und auf Dauer eine effektive Form des Lesens zu entwickeln bietet die 5-Schritt-Lesemethode.

1. Überfliegen

   Im ersten Schritt geht es darum, einen Überblick über den Inhalt des Textes und seinen Aufbau zu bekommen. Wie ist er gegliedert? Gibt es Überschriften und kann ich mit ihnen etwas anfangen? Befinden sich in ihm Bilder, Grafiken, Zeichnungen oder besondere Hervorhebungen? Enthält er Zusammenfassungen der wichtigsten Inhalte? Wie ist er in einen größeren Textzusammenhang eingebettet?

2. Fragen

   Über die Bedeutsamkeit mit selbst gestellten Fragen in ein Thema einzusteigen, haben wir uns bereits im Abschnitt 7.3 beschäftigt. Hier noch einmal die wichtigsten Überlegungen dazu: Selbstgestellte Fragen führen zu einem besseren Verstehen und zu einer besseren Behaltensleistung (Müller, 2002). Besonders geeignet sind offene Fragen, da durch sie Denkprozesse angeregt werden. Dazu gehören Fragen, die mit dem Fragewort „Welche“ beginnen, Fragen nach Besonderheiten, nach Gemeinsamkeiten und Unterschieden und Fragen, die den Stoff aus unterschiedlichen Perspektiven beleuchten. Zur eigenen Kontrolle und um mehr Verbindlichkeit zu erzeugen, ist es sinnvoll, die Fragen schriftlich zu fixieren.

3. Lesen

   Lesen ist ein aktiver Prozess und geschieht immer mit einem Bleistift und/oder Textmarker in der Hand. So können wichtige Aussagen durch eigene Notizen und Gedanken ergänzt und hervorgehoben werden. Hilfreich sind auch kurze Denkpausen, in denen über das Gelesene nachgedacht, nach Beispielen, nach Zusammenhängen und nach Anknüpfungspunkten zum eigenen Vorwissen gesucht werden kann.

4. Zusammenfassen

   Nach jedem größeren Abschnitt ist es von Vorteil, zu überprüfen, ob und inwieweit das bisher Gelesene verstanden und behalten wurde. Das gelingt am besten, indem man die wichtigsten Informationen mit eigenen Worten wiedergibt. An dieser Stelle können auch die selbst gestellten Fragen vom Anfang beantwortet werden. Ist man mit dem Ergebnis noch nicht zufrieden, kann wieder ein Schritt zurückgegangen werden.

5. Wiederholen

   Am Ende geht man den Text in Gedanken noch einmal durch und ruft sich seine Kernaussagen in Erinnerung.

7.5 Konzentration

Definition:

Konzentration (lat. *concentra*, "zusammen zum Mittelpunkt") ist die willentliche Fokussierung der Aufmerksamkeit auf eine bestimmte Tätigkeit, das Erreichen eines kurzfristig erreichbaren Ziels oder das Lösen einer gestellten Aufgabe.
(aus Wikipedia)

Folgen wir dieser Definition, so benötigt Konzentration den eigenen Willen, also Motivation, und die Fähigkeit, seine Aufmerksamkeit fokussieren zu können. Sie beinhaltet einen Zeitfaktor und ein Ziel. Das Motivation und Ziele eng miteinander verknüpft sind und wie wir im Coaching an beiden Themen arbeiten, haben wir schon ausführlich dargestellt. Wir befassen uns daher in der Hauptsache mit der Aufmerksamkeitsfokussierung und wie es gelingen kann, diese so zu trainieren, dass sie dem Coachee über einen längeren Zeitraum zur Verfügung steht.

Zunächst stellt sich uns im Lerncoaching aber die folgende Frage:
Geht es wirklich um das Thema Konzentration?
Fragen wir im Lerncoaching den Coachee nach seinem Veränderungswunsch, so erhalten wir sehr häufig die Aussage: „Ich will mich besser konzentrieren können".

Auf die Nachfrage, was der Auslöser für diesen Wunsch ist, kommen ganz unterschiedliche Erklärungen:
„Ich sitze immer so lange an meinen Hausaufgaben."
„In der Klasse ist es immer so laut, da kann ich nicht lernen."

„Ich lese den Text durch und weiß am Ende gar nicht, was da drin steht.“ „Wenn ich mich besser konzentrieren könnte, würde ich auch die Mathematik-Aufgaben verstehen.“

Es ist durchaus möglich, dass hinter diesen Erklärungen eine mangelnde Konzentrationsfähigkeit steckt. Es kann beispielsweise aber ebenso gut eine dysfunktionale Lernstrategie oder fehlende Motivation eine Ursache sein. Mit Hilfe systemischer Fragen oder der Arbeit mit den Logischen Ebenen würden wir daher zunächst daran arbeiten, weitere Informationen zu erhalten, und erst dann entscheiden, wie wir im Prozess weiter vorgehen.

Kontextabhängigkeit

Konzentration ist in hohem Maße kontextabhängig. Die meisten Coachees, die über fehlende Konzentrationsfähigkeit beim schulischen Lernen berichten, können, wenn es z.B. um ihre Lieblingsbeschäftigung geht, durchaus über einen langen Zeitraum hoch konzentriert bei einer Sache sein.

Unser erster Ansatz im Lerncoaching ist es daher, die allgemeine Aussage: „Ich kann mich schlecht konzentrieren“ in die Aussage “Momentan gelingt es mir noch nicht, meine vorhandene gute Konzentrationsfähigkeit in der von mir gewünschten Form beim schulischen Lernen zur Verfügung zu haben“ umzuwandeln.

Der erste Schritt dahin ist es, einen Kontext zu finden, in dem der Coachee sich gut konzentrieren kann. Meistens reicht es da schon, ihm einige Beispiele zu nennen. Damit hat sich der Coachee von seiner ursprünglichen Aussage schon ein Stück entfernt. Ihm wird bewusst, dass er sich durchaus gut konzentrieren kann, wenn bestimmte

Bedingungen gegeben sind. Anschließend wird die gefundene Situation daraufhin untersucht, welche Bedingungen aus seiner Sicht für den guten Konzentrationszustand förderlich sind. Wir hören dann häufig Sätze wie „Wenn ich etwas gut kann“, „Wenn es mich begeistert“ oder „Wenn ich etwas selbst bestimmen und machen kann.“
Mit systemischen Fragen erarbeiten wir im nächsten Schritt dann Maßnahmen, diese förderlichen Bedingungen in den Kontext schulischen Lernens zu übertragen.

Innere und äußere Störfaktoren identifizieren und bearbeiten

Nicht immer gelingt es, für jeden schulischen Kontext ausreichende Bedingungen für hohe Konzentrationsfähigkeit zu schaffen. Was man aber machen kann, ist, die größten Störfaktoren zu identifizieren und individuelle Maßnahmen zu entwickeln, um diese zu verringern.

Auch dabei ist es zunächst wichtig zu wissen, in welcher Situation der Coachee eine höhere Konzentration benötigt. Vermisst er sie bei den Hausaufgaben oder in der Schule, in allen oder nur in einigen Fächern, im Alltag oder nur in Prüfungssituationen. Sind die Situationen benannt, werden sie vom Coachee nach ihrer Wichtigkeit priorisiert.
Mit der „Tun als ob“ – Methode führen wir ihn dann in die von ihm genannte wichtigste Situation hinein.

Beispiel: „Stell dir vor, du sitzt jetzt an deinen Hausaufgaben. Schildere bitte so genau wie möglich deine Umgebung. Was hörst und siehst du? Welche Gedanken und Gefühle gehen dir dabei durch den Kopf? Was ist förderlich für das, was du vorhast? Was lenkt dich davon ab?“

Die geschilderten Ablenkungen lassen sich in zwei Kategorien einteilen.

Innere Störfaktoren:

Damit sind alle ablenkenden Gedanken und Gefühle gemeint, die der Aufmerksamkeitsfokussierung auf ein bestimmtes Ziel entgegenstehen.

Beispiel:

„Ich denke dauernd daran, dass ich mich noch mit meinen Freunden treffen will."

Wie bei der Arbeit mit dem Inneren Team (Kapitel 6.2) sucht der Coachee auch hier nach der positiven Absicht der Ablenkung. In unserem Beispiel könnte dahinter das Bedürfnis nach Freizeit und der Begegnung mit netten Menschen stecken. Auf unsere Frage, was für ihn mit positiveren Gefühlen verbunden ist, das Erledigen der Hausaufgaben oder das Verbringen der Freizeit mit seinen Freunden, fällt die Antwort eindeutig zugunsten der zweiten Möglichkeit aus. Der festgestellte innere Störfaktor ist für ihn also positiv und hoch bewertet. Da würde es keinen Sinn machen, ihn loswerden zu wollen. Das Ziel im weiteren Coachingprozess lautet daher, eine Strategie zu entwickeln, in dem der Störfaktor seinen Platz findet <u>und</u> eine hohe Aufmerksamkeitsfokussierung auf die Hausaufgaben gewährleistet ist. Auf unser Beispiel bezogen, könnte eine passende Strategie so aussehen, sich vor den Hausaufgaben einen Plan für den Nachmittag zu machen, in dem auf jeden Fall ausreichend Zeit für das Treffen mit Freunden vorgesehen ist.

Äußere Störfaktoren:

„In der Klasse ist es immer so laut."

Hier kommt die Störung von Außen. Es liegt nicht in der Macht des Coachee, daran etwas zu ändern. Er hat aber durchaus die Möglichkeit, seinen eigenen Umgang mit dieser Störung zu verändern.

Mit dem NLP-Werkzeug des Reframings (etwas in einen anderen Rahmen stellen, etwas umdeuten) bieten wir zunächst eine andere Sicht auf die Störung an. Für einige ist es schon entlastend, sich darüber bewusst zu werden, dass hinter der Lautstärke der anderen Schüler keine böse Absicht stecken muss. Vielleicht sehen diese darin die einzige Möglichkeit, auf sich aufmerksam zu machen. Es kann auch sein, dass der Coachee über einen besonders sensiblen Hörsinn verfügt, was ja auch viele Vorteile bietet, beispielsweise im Musikunterricht.

Eine weitere Strategie, mit äußeren Störungen umzugehen, besteht darin, sich innerlich nach außen abzuschotten (Komarek, 2010). Wenn man sich im Unterricht auf den Vortrag der Lehrperson konzentrieren will und andere störende Geräusche ausblenden möchte, kann man sich beispielsweise vorstellen, links und rechts von sich würde sich eine schalldichte durchsichtige Mauer befinden, die bis nach vorne zur Lehrperson reicht.

Für viele Coachees hat sich auch die kinesiologische Übung „Die Denkmütze", die wir zu Beginn dieses Kapitel beschrieben haben, als hilfreich im Umgang mit störenden Geräuschen erwiesen.

Aufmerksamkeitsfokussierung trainieren

Im 1. Kapitel haben wir die Sicht der Neurobiologie beschrieben, wonach Lernen als Neubildung bzw. Umstrukturierung neuronaler Netzwerke definiert ist. Der Coachee hat danach die Möglichkeit, sein neuronales Netzwerk, das es ihm ermöglicht, seine Aufmerksamkeit auf ein Ziel zu fokussieren, durch Training zu erweitern und zu verstärken. Wir verwenden dazu das Modell des Heidelberger Kompetenztrainings. Es beruht auf den Prinzipien der fernöstlichen Bewegungskünste und dem

Embodiment-Konzept, das wir in Kapitel 5.3 beschrieben haben. Hauptbestandteile des Trainings sind Körperübungen zur Zentrierung, zur Atmung, zur Körperhaltung und zur Muskelspannung (Knörzer u.a., 2011).

Zentrierung:	Die Übung zur Zentrierung lassen wir im Stehen durchführen. Der Coachee steht locker aufrecht, die Knie leicht gebeugt und die Füße etwa im schulterbreiten Abstand. Dann wird er aufgefordert mit den Fingern beider Hände einen Punkt etwa drei Finger breit unterhalb seines Bauchnabels aufzusuchen. Bei mittlerer Muskelspannung drückt der Coachee nun seine Finger in diesen Punkt und „wirft“ sie dann durch einen kräftigen Atemstoß, der eine deutliche Bauchdeckenspannung verursacht, wieder hinaus. Um ein Gefühl für diesen Punkt zu bekommen, wiederholt der Coachee diese Übung mehrmals.
Atmung:	Diese Übung wird im gleichen Stand wie bei der Übung zum Zentrieren durchgeführt. Die Hände befinden sich auf Bauchnabelhöhe und die Handflächen zeigen nach oben. Bei der Einatmung werden die Hände langsam bis in Brusthöhe noch oben geführt. Dann werden die Hände gedreht, so dass die Handflächen nach unten zeigen, und bei der Ausatmung wieder in die Ausgangsposition zurückgeführt.
Haltung:	Die Übung besteht aus zwei Sequenzen: Zunächst wird der Coachee aufgefordert eine

„militärische“ Haltung einzunehmen: „Bauch rein, Brust raus, die Knie durchgedrückt, die Gesäßmuskeln anspannen und die Atmung kurz anhalten. Wir versuchen den Coachee durch einen leichten Druck auf das Brustbein in dieser Position aus dem Gleichgewicht zu bringen, was sehr leicht ist.

Im zweiten Teil der Übung nimmt der Coachee die gleiche Körperhaltung wie bei der Atemübung ein. Beim langsamen Ausatmen versuchen wir wieder ihn durch leichten Druck auf das Brustbein aus dem Gleichgewicht zu bringen, was sehr viel schwieriger ist.

Der Coachee erfährt bei dieser Übung, wie „standhaft“ er bei einer guten Körperhaltung sein kann und auch im übertragenen Sinn nicht so leicht aus dem Gleichgewicht zu bringen ist.

Muskelspannung: Um ein verbessertes Gefühl für die mittlere Muskelspannung zu bekommen, nutzen wir den Wechsel zwischen der beschriebenen „militärischen“ Haltung und dem „Gummimenschen“, der total locker alle Gelenke bewegen und durch die Gegend hüpfen kann.

Der Wechsel zwischen totaler Anspannung und absoluter Lockerheit wird mehrfach wiederholt. In dem Spüren der beiden Gegensätze wird dem Coachee schnell deutlich, dass er bei zu starker Anspannung sehr schnell ermüdet, weil er sich sehr anstrengen muss.

Wie bei der Zielearbeit (Kapitel 3) werden auch hier neben den Körperübungen gezielte Erinnerungshilfen (Primings) eingesetzt, um das neuronale Netzwerk zu festigen. Das können selbst erstellte Symbole oder Bilder sein, aber auch ein Körpergefühl, das man sich durch das Berühren einer bestimmten Körperstelle, z.B. des Bauchnabels, immer dann in Erinnerung rufen kann, wenn man den Zustand höchster Aufmerksamkeitsfokussierung aktivieren will.

7.6 *Zeitmanagement*

Von seiner Struktur her ist das Thema Zeitmanagement durchaus mit dem Thema Konzentration zu vergleichen und wird von uns auch so bearbeitet.

Geht es wirklich um das Thema Zeitmanagement?
Zunächst erscheint das Thema in der Praxis in sehr unterschiedlichen Ausprägungen:
„Es gelingt mir nie, rechtzeitig mit dem Lernen für eine Klassenarbeit anzufangen."
„Ich brauche immer sehr viel Zeit für meine Hausaufgaben."
„Ich komme häufig zu spät zur Schule."

Um die Ausgangsfrage beantworten zu können, werden weitere Informationen benötigt.
Am Beispiel der ersten Aussage könnte unsere Frage in folgende Richtung gehen:
„Ist es Ausdruck einer grundlegenden Strategie, Aufgaben erst sehr spät anzufangen oder bezieht sich dies nur auf Klassenarbeiten?"

Die Antwort „grundlegende Strategie“ spräche für das Thema Zeitmanagement, der zweite Fall würde eher für ein Motivationsproblem sprechen.

Neue Strategien entwickeln

Ausgehend von der NLP-Grundannahme „Hinter jedem Verhalten steckt eine positive Absicht“, ist es auch beim Thema Zeitmanagement unser erster Ansatz, herauszufinden, was der Vorteil der bisherigen Strategie war und was in der neuen Strategie unbedingt Berücksichtigung finden sollte.

Ist es das Ziel des Coachees, seine bisherige Zeiteinteilung grundsätzlich zu verändern, lohnt sich ein Vergleich zwischen dem Ist-Zustand und dem gewünschten Zielzustand. Ein möglicher Weg dazu ist das Erstellen eines Zeitverteilungskuchens für den Ist-Zustand und eines Zeitverteilungswunschkuchens für den Zielzustand.

Die grafische Darstellung macht die Diskrepanz zwischen der Gegenwart und dem angestrebten Ziel unmittelbar deutlich. Um zu gewährleisten, dass es sich beim Veränderungswunsch nicht nur um eine Entscheidung des bewussten Verstandes handelt, wird wie bei der Zielearbeit zu Beginn des Coachings (Kapitel 3) auch hier mit somatischen Markern gearbeitet.

Beispiel:

Zeitverteilungskuchen

Auf welche Gebiete, Tätigkeiten und Erlebnisse verwende ich wie viel meiner Zeit?
z.B. Schlafen, Schule, Freunde, Hobbys, Lernen, Sonstiges

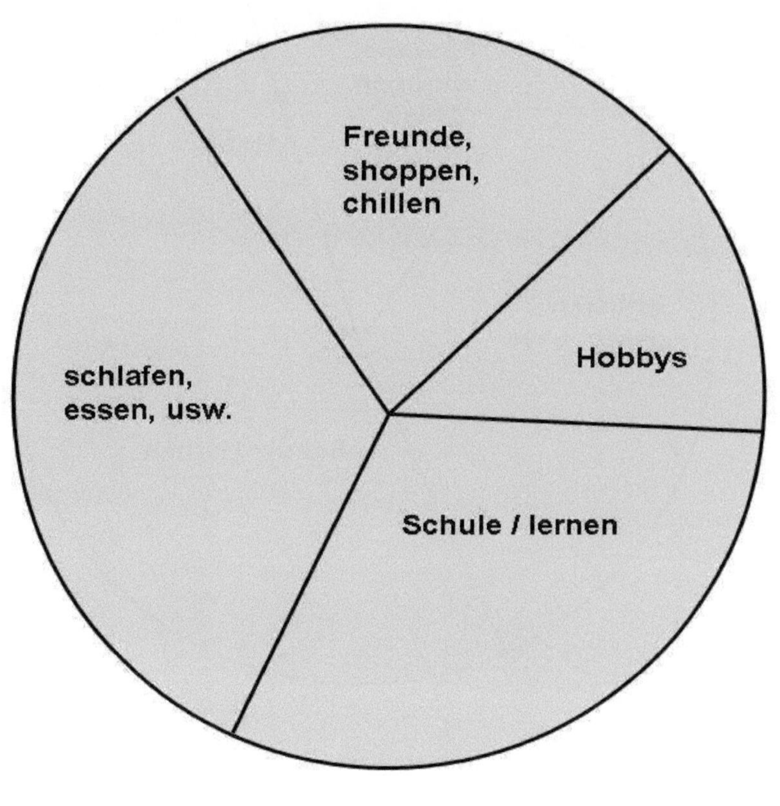

Zeitverteilungswunschkuchen

Auf welche Gebiete, Tätigkeiten und Erlebnisse möchte ich gerne wie viel meiner Zeit verwenden?
z.B. Schlafen, Schule, Freunde, Hobbys, Lernen, Sonstiges

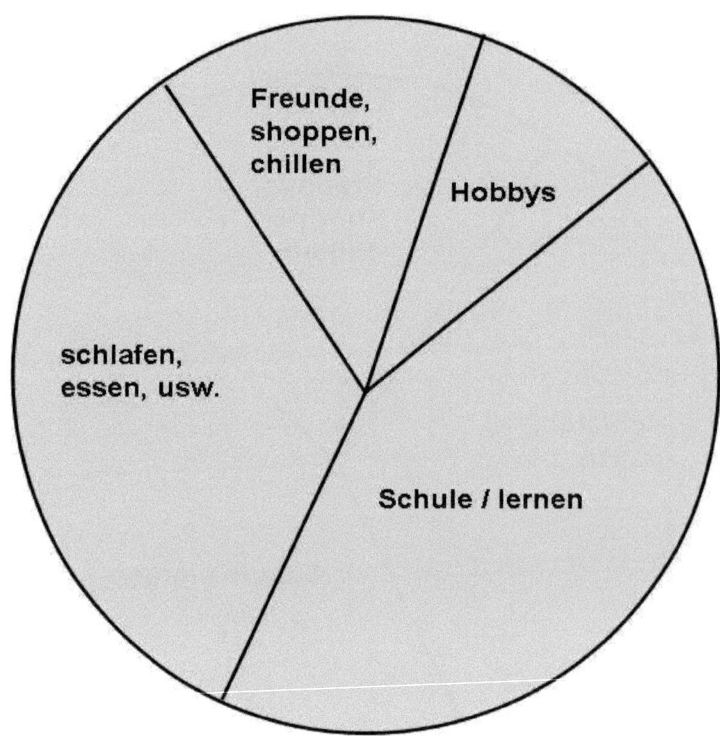

Aus systemischer Sicht wirken sich die angestrebten Veränderungen nicht nur auf das Verhalten des Coachees aus, sondern es können sich auch Auswirkungen auf das Systemumfeld daraus ergeben.

Beispiel:

Der Coachee nimmt sich vor, den Anteil für das Lernen zu vergrößern und dafür die bisher aufgewendete Zeit für das Treffen von Freunden zu

reduzieren. Wie reagieren die Freunde? Ist der Coachee bereit, mögliche negative Konsequenzen seines neuen Verhaltens zu akzeptieren oder würde dadurch sein Veränderungswunsch hinfällig?
Aus unserer Sicht ist es sinnvoll, solche und ähnliche Fragen zu klären, bevor eine neue Strategie zum Einsatz kommt.
Entscheidet sich der Coachee für das neu entwickelte Verhalten, vereinbaren wir mit ihm die ersten konkreten Schritte zur Umsetzung.
„Wann wirst du dein neues Verhalten zum ersten Mal erproben? Was tust du dann genau? Was machst du nicht mehr?“

Absicherung des neuen Verhaltens

Ein neues Verhalten erzeugt ein neues bzw. verändertes neuronales Netzwerk, das zunächst noch sehr instabil ist. Es besteht daher die Gefahr, dass das alte noch sehr starke Netzwerk sich wieder in den Vordergrund drängt. Wir entwickeln daher Schritte zur Absicherung des neuen Verhaltens.
„Woran würdest du als erstes merken, dass du wieder in das alte Muster verfällst?
Welchen Stopp-Befehl, welche Maßnahmen, welche Ressourcen würdest du dann benötigen?“

Häufig verabreden wir an dieser Stelle noch einen Überprüfungstermin, ob der Coachee mit dem Grad seiner Zielerreichung zufrieden ist oder Anpassungen vorgenommen werden müssen.

Kapitel 8 Einsatz von Lerncoaching in Schule, Betrieb und eigener Praxis

8.1 Lerncoaching in der Schule

Die steigende heterogene Lernausgangslage in Schulklassen erfordert immer mehr Unterrichtsarrangements, die der individuellen Förderung der Lernenden Rechnung tragen. Lerncoaching kann dazu einen Beitrag leisten. Es unterstützt die Lernenden darin, Verantwortung für den eigenen Lernprozess zu übernehmen, indem sie eigene Ziele formulieren, diese konkretisieren und für sich einen entsprechenden Handlungsplan entwickeln.

Wie kann Lerncoaching in den schulischen Alltag integriert werden? Natürlich gibt es dafür mehrere Wege. Die hier skizzierten Möglichkeiten erheben keinen Anspruch auf Vollständigkeit und beruhen auf Erfahrungen der Projekte SELKO und KomLern aus Hamburger beruflichen Schulen*.

Bevor man sich auf den Weg macht, ist es sinnvoll, zu klären, ob man allein mit dem Anliegen in der Schule ist, oder ob es weitere Mitstreiter gibt. Ideal ist es, wenn die Schulleitung die Implementierung von Lerncoaching als Schulentwicklungsaufgabe ansieht und den Prozess unterstützt. Lerncoaching erfordert nämlich nicht zu unterschätzende zeitliche Ressourcen und viele Lehrkräfte fragen zu recht, wann sie solche Gespräche mit den Lernern führen sollen. In diesem Zusammenhang, wie auch bei räumlichen Ressourcen kann die Unterstützung der Schulleitung sehr wertvoll sein und den gesamten Prozess forcieren.

*http://li.hamburg.de/selko-komlern/

So ist es zum Beispiel hilfreich, wenn die Gespräche in die Jahresplanung aufgenommen werden und ritualisiert durchgeführt werden. Manche Schulen organisieren es dann so, dass an bestimmten Tagen im Jahr kein Unterricht stattfindet, damit an diesen Tagen das Coaching durchgeführt werden kann.

Andere Schulen haben im Stundenplan feste Zeiten für das Lern-coaching eingeplant, in denen die Lehrkräfte mit den einzelnen Lernern Termine verabreden können.

Eine weitere Variante ist, dass nur ein bis zwei Lehrkräfte, die Lerncoaching-Kompetenz haben, für die Lerner der gesamten Schule oder ausgewählter Bildungsgänge Lerncoaching anbieten. Der Vorteil dieser Variante ist, dass die Lerner ihren Coach in der Regel nicht aus dem Unterricht kennen und die Beziehung nicht durch Notengebung belastet wird. Der Nachteil ist, dass Lerner häufig von ihren Lehrkräften zum Coaching geschickt werden, obwohl sie nicht wollen und das Coaching zu einer Zwangsberatung wird, um Defizite zu bearbeiten.

Ist die Organisation des Lerncoachings dem Klassenteam übertragen, muss abgesprochen werden, wer diese Gespräche übernimmt. Als sehr praktikable Lösung hat sich herausgestellt, dass die Lerner der Klasse auf die Lehrkräfte des Klassenteams aufgeteilt werden, so dass jede Lehrkraft für 6 bis maximal 10 Lerner zuständig ist. Diese Variante bietet viel Potential, wenn das Klassenteam sich regelmäßig in Teamsitzungen trifft und in diesen Sitzungen unter anderem ein Austausch über die individuelle Entwicklung einzelner Lerner stattfindet. Bei dieser Organisationsform müssen aber auch verbindliche Absprachen unter den Lehrkräften getroffen werden. Es hat sich z.B. als sinnvoll erwiesen, wenn die Haltung der Lehrkräfte gegenüber den Lernern ähnlich ist und wenn die Gestaltung und Dokumentation der Gespräche in gleicher Weise abläuft (Möglichkeiten der Dokumentation finden Sie im Anhang).

Auch innerhalb des Teams ist es hilfreich, wenn die Gespräche in eine Jahres- oder Halbjahresplanung aufgenommen werden, damit sie in der Dichte des Arbeitsalltags nicht in Vergessenheit geraten.
Da sich das Coaching in der Schule auch immer auf konkrete Inhalte des Unterrichts bezieht, ist es unabdingbar, dass es dafür einen Referenzrahmen gibt, der sowohl für den Lerner als auch für die Lehrkräfte als Orientierung dient. Im Rahmen eines kompetenzorientierten Unterrichts eignen sich dafür entsprechend Kompetenzbeschreibungen für einzelne Lernsituationen oder Kompetenzraster für einen größeren Überblick. Mit Hilfe dieser Instrumente ist dann ein Coaching zur Unterstützung individueller Lernprozesse für einzelne Lerner möglich, ohne das Gesamtziel der Ausbildung bzw. des Bildungsabschnitts aus dem Blick zu verlieren.
Im direkten Unterricht ist ein Coaching in dem Umfang wie im Buch beschrieben natürlich nicht umzusetzen, das ist sicher nur in den oben beschrieben Organisationsformen möglich. Dennoch können einzelne Elemente auch in kleinem Umfang in den Unterricht integriert werden. So können zum Beispiel Gruppenarbeiten durch den Einsatz systemischer Fragestellungen begleitet werden, so dass die Lerner selbst ihre Lösungen finden und sich weniger an den Ratschlägen der Lehrkraft orientieren. Damit ist ein ganz wesentlicher Aspekt des Coachings in der Schule verdeutlicht. Es geht in erster Linie um die Haltung der Lehrkraft, die sie in entsprechenden Phasen des Unterrichts einnimmt. Diese Haltung zeigt, dass die Lehrkraft darauf vertraut, dass der Lerner selbst Verantwortung für seinen Lernprozess übernehmen will und dieses auch kann, und die Lehrkraft ihn dabei begleitend unterstützt.

8.2 Lerncoaching im Betrieb

Wenn man den aktuellen Studien zum prognostizierten Arbeitskräftemangel Glauben schenken darf, wird es zunehmend zu einem entscheidenden Wettbewerbsfaktor, als attraktiver Arbeitgeber anerkannt zu sein. Ein wichtiges Beurteilungskriterium dafür ist, welche Unterstützungs- und Weiterbildungsmöglichkeiten ein Betrieb bietet.

Lerncoaching kann für den fachlich versierten und intelligenten Auszubildenden mit Prüfungsangst ebenso eine sinnvolle Maßnahme sein, wie für den langjährigen Mitarbeiter, dessen Aufgabengebiet sich verändert, der sich damit aber schwer tut und der unter Lernblockaden leidet.

Ob ein Betrieb sich dazu im konkreten Bedarfsfall gezielt einen professionellen Lerncoach ins Haus holt, oder seine Ausbildungsbeauftragten gleich zu eigenen Lerncoaches ausbilden lässt hängt sicher von vielen Faktoren ab.

Die Ressourcenakademie (www.ressourcenakademie.de) bietet dazu maßgeschneiderte berufsbegleitende Lerncoaching-Ausbildungen an.

Das Lerncoaching für die Mitarbeiterinnen und Mitarbeiter über kurz oder lang in der Mehrzahl der Betriebe angeboten werden wird, ist unsere feste Überzeugung.

8.3 Lerncoaching in eigener Praxis

Für Lerncoaches, die in eigener Praxis tätig sind, gibt es einige besondere Aspekte zu beachten. In der Regel wird hier der Kontakt über ein Elternteil hergestellt, wir bieten ein kostenloses Klärungsgespräch an und erhalten so viele Informationen über das Familiensystem. Wir haben viel mehr Einfluss auf die Raumgestaltung als in der Schule oder im Betrieb und können besser über unsere zeitlichen Ressourcen verfügen. Begrenzt werden wir dagegen durch den finanziellen Aspekt. Was können bzw. wollen Eltern sich für das Lerncoaching ihrer Kinder leisten. Wir wollen auf diese Besonderheiten näher eingehen und unsere Vorgehensweise in unserer Coaching-Praxis schildern.

Der telefonische Erstkontakt und die Verabredung eines kostenlosen Klärungsgespräches

Der telefonische Erstkontakt erfolgt in der Regel durch ein Elternteil. Meist beginnt das Gespräch damit, durch wen oder wodurch die Familie auf uns aufmerksam wurde, gefolgt von der Problembeschreibung aus Elternsicht.

Für uns ist es an dieser Stelle wichtig, abzufragen, ob diese Sicht nach Meinung des Anrufenden von den betreffenden Kindern und Jugendlichen geteilt wird. Wir weisen dann darauf hin, dass unser Angebot auf Freiwilligkeit beruht. Lerncoaching macht nach unserem Selbstverständnis nur Sinn, wenn beim Coachee ein Veränderungswille vorhanden ist. Wird dies von den Eltern bejaht, verabreden wir ein ca. halbstündiges kostenloses und unverbindliches Klärungsgespräch, an dem mindestens ein Elternteil und das betroffene Kind teilnehmen. Wir halten diesen Aufwand für äußerst lohnenswert, da es nach unserer

Meinung gleich mehrere für den späteren Erfolg wichtige Kriterien erfüllt, die wir in den folgenden Abschnitten näher beschreiben.
Zum Schluss des Telefonats erfragen wir noch den Namen des Kindes, um dieses bei unserem ersten Zusammentreffen gleich als erstes gezielt ansprechen zu können.

Gegenseitiges Kennen lernen

Ein sehr wichtiges Kriterium für erfolgreiches Lerncoaching ist der Aufbau einer positiven Beziehung zwischen Coach, Kindern und Eltern. Schon hier im persönlichen Erstkontakt spüren alle Beteiligten, ob „die Chemie" stimmt. Sind wir uns nicht gegenseitig sympathisch, wird mit hoher Wahrscheinlichkeit keine erfolgreiche Zusammenarbeit stattfinden. Das spart allen Beteiligten kostbare Zeit und verhindert mögliche spätere Frusterlebnisse.
Wir bekommen aus systemischer Sicht auch schon einen ersten Einblick darin, wie die vor uns sitzende Familie „tickt". Wir beobachten das Kommunikationsverhalten, erfahren vielleicht etwas über deren Wertesystem, über stärkende bzw. einschränkende Glaubenssätze oder über die Qualität der Beziehungen innerhalb des Familiensystems. Falls sich an dieser Stelle für uns Hinweise auf gravierende Störungen im Familiensystem ergeben, die einem erfolgreichen Lerncoaching im Wege stehen könnten, haben wir die Möglichkeit, sie zu thematisieren und können anbieten, diese gemeinsam zu bearbeiten.

Die Begrüßung

Wir begrüßen zuerst die Kinder, sprechen sie mit Vornamen an und geben ihnen die Hand. Damit signalisieren wird schon zu Beginn unsere Wertschätzung und wer für uns der eigentliche Coachee ist. Erst dann begrüßen wir auch die Eltern oder den Elternteil, die uns nicht nur aus systemischer Sicht natürlich auch sehr wichtig sind.

Die Umgebung

Wir haben unseren Coaching-Raum so eingerichtet, dass er Wärme ausstrahlt.

Zwei schräg zueinander stehende bequeme Sessel stehen für den Coachee zur Auswahl. Wir bieten Tee und Wasser an.

Außerdem können sich die Kinder aus einem Korb mit verschiedenen handgroßen Bällen unterschiedlicher Beschaffenheit bedienen. Etwas in der Hand zu haben, gibt Sicherheit, man sucht sich den Ball aus, der sich am besten anfühlt und der natürliche Bewegungsdrang wird ebenfalls befriedigt. In den Folgesitzungen wird dieses Ritual von vielen Kindern und Jugendlichen spontan wieder aufgenommen, ohne von uns wieder dazu aufgefordert zu werden.

Geschützter Raum

Die Entscheidung, das Coaching allein oder in Begleitung der Eltern bzw. eines Elternteils zu erleben, liegt allein bei den Kindern und Jugendlichen. Alles was im Coachingprozess passiert und was dort besprochen wird, verlässt den Raum nur mit ihrer ausdrücklichen Genehmigung. Wir stimmen uns am Ende jeder Coachingstunde ab, ob und wenn ja, welche Informationen an die Eltern weitergegeben werden dürfen. Das wird auch so im Klärungsgespräch an die Eltern kommuniziert.

Was soll besser werden?

Die bis jetzt beschriebene Phase des Info-Gespräches dauert je nach Rückfragen meistens etwa 5 -10 Minuten.

„Was müsste hier in unserer gemeinsamen Arbeit passieren, damit du am Ende sagen kannst, es hat sich für mich gelohnt hierher gekommen zu sein?“

Mit dieser Frage leiten wir über zum eigentlichen Anliegen der Coachees.

Wir legen damit den Fokus des Coachee auf die Attraktivität der angestrebten Veränderung, was später bei der eigentlichen Zielearbeit noch eine wichtige Rolle spielt (siehe Kapitel 3). Der Coach hat nun die Möglichkeit durch gezieltes Nachfragen herauszufinden, ob möglicherweise mehrere Themen zu bearbeiten sind und ob die Motivation der Coachees aus ihnen selbst heraus kommt oder aufgrund einer Intervention von Seiten der Eltern, Großeltern oder der Schule. Ist letzteres der Fall fragen wir nach dem Ziel hinter dem Ziel, z.B. „Ich will in Ruhe gelassen werden“ statt „Ich will besser in Deutsch werden“. Mit welchem Ziel wir dann später unsere Arbeit beginnen, entscheidet der Coachee.

An dieser Stelle kommen noch die Eltern zu Wort. Was hat sie bewogen, mit ihren Kindern einen Lerncoach aufzusuchen? Wir machen deutlich, dass uns natürlich auch die Anliegen der Eltern wichtig sind. Erste Priorität hat für uns jedoch das Ziel des Coachees. Wenn dieser nicht am Anliegen der Eltern arbeiten will, wird es auch nicht Bestandteil des Coachings sein.

Das Setting

Nach etwa. 20 Minuten klären wir noch Fragen zur voraussichtlichen Dauer des Coachings und zu den Kosten. Gerade für viele Allein-Erziehende ist es wichtig, diese Punkte im Vorwege anzusprechen. Falls allein finanzielle Gründe dem Lerncoaching entgegenstehen sollten, kann man diese z.B. über Rabatte oder Ratenvereinbarungen möglicherweise entkräften.

Gemeinsam Ja-Sagen

Wenn jetzt alle Parteien sich einig sind, kann der erste Termin fürs Coaching verabredet werden. Wir bieten den Kindern und Jugendlichen an, sich nicht sofort entscheiden zu müssen, sondern die gewonnenen Eindrücke zunächst auf sich wirken zu lassen. Damit heben wir noch einmal den freiwilligen Charakter des Angebotes hervor und haben insgesamt eine gute Basis für ein erfolgreiches Lerncoaching geschaffen.

Literatur

Bauer, Joachim: Prinzip Menschlichkeit – Warum wir von Natur aus kooperieren, Hoffmann und Campe, Hamburg 2007

Bauer, Joachim: Warum ich fühle, was du fühlst – Intuitive Kommunikation und das Geheimnis der Spiegelneurone, Hoffmann und Campe, Hamburg 2007

Becker-Oberender, Kornelia: Klopfakupressur mit Kindern, Jugendlichen und Familien, VAK, Freiburg 2008

Bohne, Michael: Feng Shui gegen das Gerümpel im Kopf –Blockaden lösen mit Energetischer Psychologie, Rowohlt Verlag, Reinbek 2007

Bohne, Michael / Eschenröder, Christof T. / Wilhelm-Gößling, Claudia: Energetische Psychotherapie – integrativ, dgvt-Verlag, Tübingen 2006

Buchner, Christina: Brain-Gym® & Co. kinderleicht ans Kind gebracht, VAK, Freiburg 1997

Dennison, Paul E.., Dennison, Gail: Lehrerhandbuch Brain-Gym®, VAK, Freiburg 1991

Dilts, Robert B.: Professionelles Coaching mit NLP – Mit dem NLP-Werkzeugkasten geniale Lösungen ansteuern, Junfermann-Verlag, Paderborn 2005

Endres, Wolfgang: Die Endres-Lernmethodik, Beltz Verlag, Weinheim und Basel 2001

Endres, Wolfgang / Bernard, Elisabeth: Lernmethodikpaket für die Grundschule, Beltz Verlag, Weinheim und Basel 2005

Endres, Wolfgang / Bernard, Elisabeth: So ist Lernen klasse – Der beste Lernweg für mein Kind, Kösel-Verlag, München 2004

Gallo, Fred P. / Vincenzi, Harry: gelöst entlastet befreit – Klopfakupressur bei emotionalem Stress, VAK, Freiburg 2001

Hennig, Gudrun / Pelz, Georg: Transaktions Analyse – Lehrbuch für Therapie und Beratung, Junfermann, Paderborn 2002

Hoffmann, Marion: Muckis und Köpfchen – Kinesiologische Übungen für gestresste Kids. Oesch Verlag, Zürich 2008

Holtersdorf, Ilona / Proßowsky, Petra: Kleine Yoga-Rituale für jeden Tag, Verlag an der Ruhr, Mülheim 2010

Hüther, Gerald: Bedienungsanleitung für ein menschliches Gehirn, Vandenhoeck & Ruprecht, Göttingen 2002

Hüther, Gerald / Gebauer, Karl: Kinder suchen Orientierung – Anregungen für eine sinnstiftende Erziehung, Walter Verlag, Düsseldorf und Zürich 2002

Hüther, Gerald / Nitsch, Cornelia: Wie aus Kindern glückliche Erwachsene werden, Gräfe und Unzer Verlag, München 2008

James, Tad / Woodsmall, Wyatt: Time Line, Junfermann-Verlag, Paderborn 2002

Karig, Franz: Rechnen Lernen – Ein neuer Weg zum Verständnis der Dyskalkulie/Rechenschwäche, in MultiMind 4/2005, S.42-47, Junfermann Verlag Paderborn

Klippert, Heinz: Methodentraining – Übungsbausteine für den Unterricht, Beltz Verlag, Weinheim und Basel 1996

Knörzer, Wolfgang (Hrsg.): Ganzheitliche Gesundheitsbildung in Theorie und Praxis, Haug Verlag, Heidelberg 1994

Knörzer, Wolfgang / Amler, Wolfgang / Rupp, Robert: Mentale Stärke entwickeln – Das Heidelberger Kompetenztraining in der schulischen Praxis, Beltz Verlag, Weinheim und Basel 2011

Komarek, Iris: Ich lern einfach! Das NLP-Programm für effektive Lerntechniken, Südwest Verlag, München 2010

Largo, Remo H., / Beglinger, Martin: Schülerjahre – Wie Kinder besser lernen, Piper Verlag, München 2009

Lötscher-Gugler, Hedi: Lernen mit Zauberkraft – NLP für Kinder, Patmos Verlag, Mannheim 2010

Mohl, Alexa: Die Wirklichkeit des NLP – Erkenntnistheoretische Grundlagen und ethische Schlussfolgerungen, Junfermann-Verlag, Paderborn 2000

Müller, Andreas: Wenn nicht ich, ...? Und weitere unbequeme Fragen zum Lernen in Schule und Beruf, H.e.p-Verlag, Bern 2002

O'Connor, Joseph / McDermott, Ian: Die Lösung lauert überall – Systemisches Denken verstehen & nutzen, VAK, Freiburg 2000

Pagel, Karin: Lernerfolg und Logische Ebenen, in Kommunikation & Seminar 4/2006 S.29-31, Junfermann-Verlag, Paderborn 2006

Peters, Barbara / Joanowitsch, Katharina: Lesen, knobeln, logisch denken – Leseförderung mit Logicals, BVK, Kempen 2009

Radatz, Sonja: Beratung ohne Ratschlag – Systemisches Coaching für Führungskräfte und BeraterInnen, Verlag Systemisches Management, Wien 2000

Rücker-Vennemann, Ursula: Lernen mit Kopf und Bauch – Ganzheitliches Lerntraining für Schüler, Kösel-Verlag, München 2001

Schick, Klaus: NLP & Rechtschreibstrategie. Junfermann-Verlag, Paderborn 2004

Schulz von Thun, Friedemann / Stegemann, Wibke: Das innere Team in Aktion, Rowohlt Verlag, Reinbek 2004

Spitzer, Manfred: Lernen – Gehirnforschung und die Schule des Lebens, Spektrum Akademischer Verlag, Heidelberg und Berlin 2002

Stewart, Ian / Joines, Vann: Die Transaktionsanalyse – Eine Einführung, Herder Verlag, Freiburg 2000

Storch, Maja: Das Geheimnis kluger Entscheidungen, Pendo Verlag , Zürich 2003

Storch, Maja: Motto-Ziele, S.M.A.R.T.-Ziele und Motivation, in Birgmeier, B. (Hrsg.): Coachingwissen – Denn sie wissen nicht, was sie tun, VS-Verlag, Wiesbaden 2009

Storch, Maja / Riedener, Astrid: Ich packs! – Selbstmanagement für Jugendliche, Verlag Hans Huber, Bern, 2005

Storch, Maja / Schett, Jörg: Den Rubikon überschreiten, in: Die lernende Schule
45 /2009, S.12-15

Storch, Maja / Cantieni, Benita / Hüther, Gerald / Tschacher, Wolfgang: Embodiment – Die Wechselwirkung von Körper und Psyche verstehen und nutzen, Verlag Hans Huber, Bern 2006

Stucki, Barbara: Logicals Lesen - verstehen – kombinieren ab 2. Schuljahr, SCHUBI Lernmedien, Schaffhausen 2010

Vössing, Heidrun: NLP in der Coaching-Praxis, Junfermann-Verlag, Paderborn 2005

Anhang

Arbeitsblätter und Kopiervorlagen

- Diagnostik mit den Logischen Ebenen
- Fragebogen zur Wahrnehmung
- Auswertung des Fragebogens
- Worauf Schüler beim Lernen achten können
- Wie Eltern ihre Kinder unterstützen können
- Zeitverteilungskuchen und Zeitverteilungswunschkuchen
- Arbeitsblatt Zeitmanagement für Jugendliche
- Dokumentation Lernberatung

Diagnostik mit den Logischen Ebenen

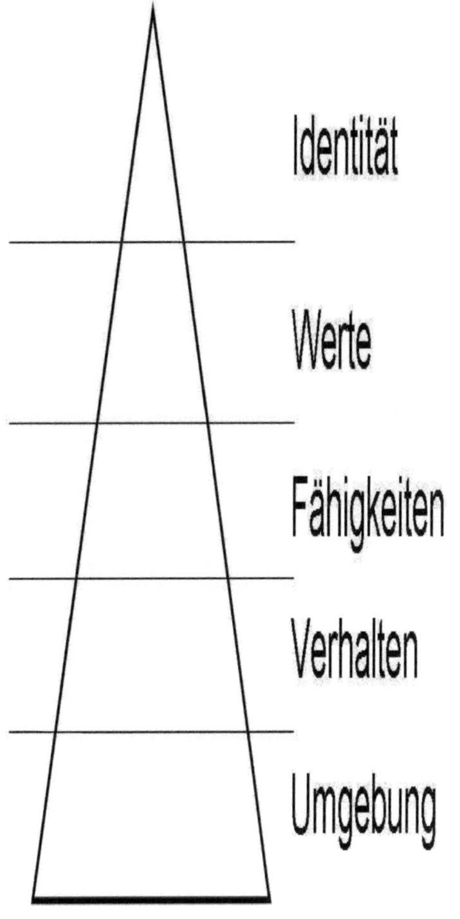

Was glaubst Du über Dich und Deinen Lernerfolg?

Was treibt Dich an und motiviert Dich?

Welche Fähigkeiten setzt Du gezielt zum Lernen ein?

Was tust Du konkret für Deinen Lernerfolg?
Wo lernst Du?

Was an dieser Umgebung ist förderlich für Deine Zielerreichung?

Fragebogen zur Wahrnehmung

	Du..	Stimmt immer	Stimmt manchmal	Stimmt nie
1	lernst leicht, wenn Du Dich dabei bewegen darfst.			
2	lernst gerne zusammen mit anderen.			
3	redest viel, verfügst über einen großen Wortschatz.			
4	schreibst ordentlich und leserlich.			
5	kannst leicht neue Bewegungen lernen.			
6	erinnerst Melodien gut.			
7	experimentierst gerne.			
8	kannst Referate gut wiedergeben.			
9	liest gerne und kannst Gelesenes gut wiedergeben.			
10	lernst z.B. Vokabeln am liebsten laut.			
11	kaust Kaugummi oder isst beim Lernen.			
12	behältst Bilder, Skizzen oder Tabellen gut.			
13	stellst leicht Augenkontakt zu anderen her.			
14	lernst gut durch mehrmaliges Ausprobieren.			
15	lernst am besten durch Beobachten.			
16	hältst Ordnung in Deinem Zimmer.			
17	beteiligst Dich aktiv an Diskussionen.			
18	lässt Dich gerne in den Arm nehmen.			
19	brauchst eine ruhige Umgebung zum Lernen.			
20	machst gerne Sachen nach.			
21	verstehst leicht geschriebene Anweisungen.			

Auswertung Fragebogen

	Lernstil	**K**	**V**	**A**
1	Kinästhetisch			
2	Auditiv			
3	Auditiv			
4	Visuell			
5	Kinästhetisch			
6	Auditiv			
7	Kinästhetisch			
8	Auditiv			
9	Visuell			
10	Auditiv			
11	Kinästhetisch			
12	Visuell			
13	Visuell			
14	Kinästhetisch			
15	Visuell			
16	Visuell			
17	Auditiv			
18	Kinästhetisch			
19	Auditiv			
20	Kinästhetisch			
21	Visuell			
	Gesamtpunkte:			

Stimmt immer: 3 Punkte

Stimmt manchmal: 1 Punkt

Stimmt nie: 0 Punkte

Worauf Schüler beim Lernen achten können

Visueller Wahrnehmungskanal	**Kinästhetischer Wahrnehmungskanal**	**Auditiver Wahrnehmungskanal**
▪ Verwende Anschauungsmaterial wie Bilder, Grafiken, Skizzen. ▪ Benutze farbige Stifte zum Hervorheben und Unterstreichen. ▪ Versuche, Dir Erklärungen bildhaft vorzustellen, mache Dir Gedankenbilder. ▪ Verknüpfe Vokabeln und Fachbegriffe mit inneren Bildern. ▪ Denk Dir zu Situationen oder Sachen Geschichten aus. ▪ Zeichnen und Lesen helfen Dir beim Lernen. ▪ Unterteile den Lernstoff in sichtbare Abschnitte. ▪ Schreibe Kerninformationen auf eine extra Seite.	▪ Du lernst am leichtesten, wenn Du etwas tust, z.B. eine Übersicht erstellen, Vokabeln zu gruppieren, einen Text neu zusammenfassen. ▪ Erarbeite Dir Inhalte am besten selber durch Forschen und Experimentieren ▪ Überlege Dir, wie das Gelernte konkret in die Praxis umzusetzen ist und wofür bzw. wie Du es in Zukunft anwenden kannst. ▪ Für Dich eignen sich besonders gut Lernhilfen zum Anfassen. ▪ Bleibe beim Lernen in Bewegung, gehe spazieren, schreibe etwas auf oder skizziere etwas. ▪ Spiele ruhig mit dem Bleistift oder benutze einen Knetgummiball, während Du lernst. ▪ Bastele selbst Lernplakate mit großer Schrift und wenig Text.	▪ Dir helfen am besten Gespräche und Diskussionen, aber auch Musik und Lernkassetten beim Lernen. ▪ Spreche Dir den Lernstoff laut und rhythmisch selber vor. ▪ Sprich Dir Lerntexte selber auf ein Aufnahmegerät und höre Sie Dir zum Lernen dann an. ▪ Lerne mit Freunden und Freundinnen zusammen. ▪ Erkläre anderen was Du gelernt hast.

Wie Eltern ihre Kinder unterstützen können

Visueller Wahrnehmungskanal	**Kinästhetischer Wahrnehmungskanal**	**Auditiver Wahrnehmungskanal**
Merkmale:		
▪ scharfe Beobachter ▪ sie müssen sich ein Bild von einer Sache machen ▪ Sprache: „Ich sehe das anders." „Ich kann mir das vorstellen"	▪ gutes Gespür für Stimmungen ▪ sie müssen etwas machen und/oder fühlen ▪ Sprache: „Das begreife ich nicht." „Das kann ich gut nachfühlen".	▪ gute Zuhörer und/oder Redner ▪ sie müssen hören und/oder sprechen ▪ Sprache: „Das hört sich gut an". „Ich verstehe nur Bahnhof".
Unterstützung:		
▪ braucht Ordnung und Übersicht ▪ beim Loben ansehen, Worte durch Lächeln oder Kopfnicken unterstützen ▪ Lernstoff in bildhaften Geschichten erzählen ▪ Bücher, Bilder und Grafiken zur Verfügung stellen	▪ gemeinsam basteln und/oder experimentieren ▪ Bewegungspausen einrichten ▪ für angenehme Lernumgebung sorgen ▪ praktischen Nutzen des Lernens herausstellen ▪ Lernhilfen „zum Anfassen" zur Verfügung stellen	▪ viel mit ihrem Kind sprechen und diskutieren ▪ für eine ruhige Lernumgebung sorgen ▪ Hörbücher zur Verfügung stellen ▪ sich von Ihm das Gelernte erklären lassen ▪ es animieren mit anderen gemeinsam zu lernen
Störfaktoren:		
▪ visuell schnell ablenkbar, z.B. unaufgeräumter Arbeitsplatz, ▪ zuviel Körperkontakt	▪ lange mündliche Erklärungen ▪ zu viele visuelle Eindrücke	▪ ablenkende Geräuschkulisse, z.B. Fernseher in der Nähe ▪ zu viele visuelle Eindrücke ▪ zuviel Körperkontakt

Zeitverteilungskuchen

Auf welche Gebiete, Tätigkeiten und Erlebnisse verwende ich wie viel meiner Zeit?
z.B. Schlafen, Schule, Freunde, Hobbys, Lernen, Sonstiges

Zeitverteilungswunschkuchen

Auf welche Gebiete, Tätigkeiten und Erlebnisse möchte ich gerne wie viel meiner Zeit verwenden?
z.B. Schlafen, Schule, Freunde, Hobbys, Lernen, Sonstiges

Zeitmanagement für ……………………………….

Uhrzeit	Was mache ich genau?	Was will ich damit erreichen?
14:00 – 14:30		
14:30 -15:00		
15:00 - 15:30		
15:30 – 16:00		
16:00 – 16:30		
16:30 – 17:00		
17:00 – 17:30		
17:30 – 18:00		
18:00 – 18:30		
18:30 – 19:00		
19:00 – 19:30		
19:30 – 20:00		
20:00 – 20:30		
20:30 – 21:00		
21:00 – 21:30		
21:30 – 22:00		

Lernberatung am: ___________

Das kann ich gut:

____

____

Das möchte ich ausbauen/erwerben:

____

____

Folgendes werde ich dafür tun:

____

____

____

Ich benötige folgende Unterstützung:

____

____

____

Überprüfung der Lernfortschritte am: ....

Diese Fähigkeiten habe ich ausgebaut/erworben: *Daran will ich weiterarbeiten:*

Unterschrift: ____________________ (Schülerin/ Schüler)

Unterschrift: ____________________ (Lehrerin/Lehrer)

Printed by Books on Demand GmbH, Norderstedt / Germany